中国非洲研究院文库·学术著作

塞内冈比亚巨石圈文化景观考古学研究

[法] 高畅 (Augustin F. C. Holl) | 著

李洪峰 | 译

Cercles à monolithes de
Sénégambie

中国社会科学出版社

图书在版编目（CIP）数据

塞内冈比亚巨石圈文化景观考古学研究/（法）高畅著；李洪峰译.
—北京：中国社会科学出版社，2023.8
（中国非洲研究院文库．学术著作）
ISBN 978-7-5227-2177-4

Ⅰ.①塞… Ⅱ.①高…②李… Ⅲ.①墓葬（考古）—研究—塞内加尔 Ⅳ.①K884.348.8

中国国家版本馆 CIP 数据核字（2023）第 120396 号

出 版 人	赵剑英
责任编辑	马　明
责任校对	孟繁粟
责任印制	王　超

出　　版	中国社会科学出版社
社　　址	北京鼓楼西大街甲 158 号
邮　　编	100720
网　　址	http://www.csspw.cn
发 行 部	010-84083685
门 市 部	010-84029450
经　　销	新华书店及其他书店
印刷装订	北京君升印刷有限公司
版　　次	2023 年 8 月第 1 版
印　　次	2023 年 8 月第 1 次印刷
开　　本	710×1000　1/16
印　　张	15
字　　数	202 千字
定　　价	89.00 元

凡购买中国社会科学出版社图书，如有质量问题请与本社营销中心联系调换
电话：010-84083683
版权所有　侵权必究

联合国教科文组织世界遗产瓦纳尔（Wanar）遗址景观

瓦纳尔遗址的正面墓碑（1000—1300年）

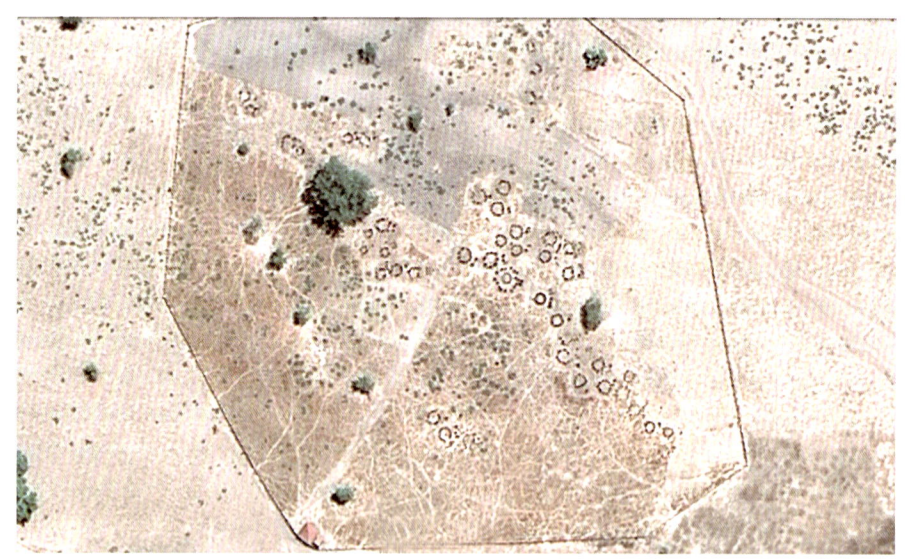

联合国教科文组织世界遗产西内—恩加耶纳（Sine Ngayene）遗址
（前 1000 年—1450 年）航拍图

西内—恩加耶纳遗址航拍图

西内—恩加耶纳圆柱形巨石采石场

发掘中的西内—恩加耶纳 27 号双圈遗址（700—1450 年）

发掘中的西内—恩加耶纳 52 号巨石圈遗址

西内—恩加耶纳 T-01 号墓穴内部发现的一名 30—35 岁的
男性骸骨、一把铁剑和 9 个铁矛头（前 950 年）

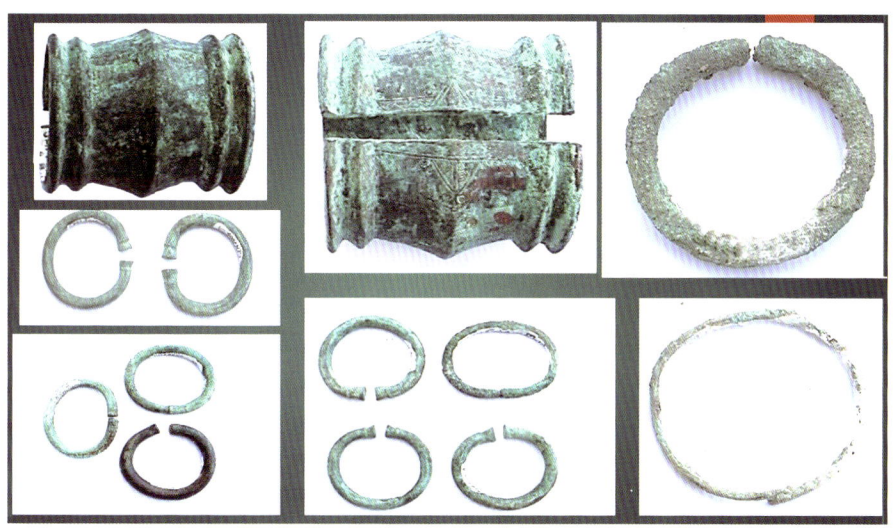

西内—恩加耶纳 T-02 墓穴内部的合金铜首饰（前 650 年）

恩加耶纳 2 号（Ngayene II）遗址景观及石圈

恩加耶纳 2 号遗址石圈挖掘现场

恩加耶纳 2 号遗址一个大石圈的近景

恩加耶纳 2 号遗址的中央石圈

恩加耶纳 2 号遗址中央石圈的骨堆挖掘现场

恩加耶纳 2 号遗址一个挖掘中的石冢

桑蒂乌—恩加耶纳石圈挖掘现场

联合国教科文组织世界遗产冈比亚克巴奇（Kerbach）遗址的"Y"形正面墓碑

克巴奇遗址石圈景观一

克巴奇遗址石圈景观二

克巴奇遗址的石圈近景

联合国教科文组织世界遗产冈比亚瓦苏（Wassu）遗址的石圈
（石圈带有红土块，应是年代较近的祈福做法）

萨卢姆河三角洲的航拍景色

萨卢姆河三角洲乌迪兰—布玛克（Oudierin-Boumak）遗址的侧面

萨卢姆河三角洲考古发现的器皿

《中国非洲研究院文库》编委会名单

主　任　蔡　昉

编委会（按姓氏笔画排序）

　　　　王　凤　　王林聪　　王启龙　　王利民　　安春英
　　　　邢广程　　毕健康　　朱伟东　　李安山　　李新烽
　　　　杨宝荣　　吴传华　　余国庆　　张永宏　　张宇燕
　　　　张忠祥　　张振克　　林毅夫　　罗建波　　周　弘
　　　　赵剑英　　姚桂梅　　党争胜　　唐志超

充分发挥智库作用
助力中非友好合作

——《中国非洲研究院文库总序言》

当前,世界之变、时代之变、历史之变正以前所未有的方式展开。一方面,和平、发展、合作、共赢的历史潮流不可阻挡,人心所向、大势所趋决定了人类前途终归光明。另一方面,恃强凌弱、巧取豪夺、零和博弈等霸权霸道霸凌行径危害深重,和平赤字、发展赤字、治理赤字加重,人类社会面临前所未有的挑战。

作为世界上最大的发展中国家,中国始终是世界和平的建设者、国际秩序的维护者、全球发展的贡献者。非洲是发展中国家最集中的大陆,是维护世界和平、促进全球发展的重要力量之一。在世界又一次站在历史十字路口的关键时刻,中非双方比以往任何时候都更需要加强合作、共克时艰、携手前行,共同推动构建人类命运共同体。

中国和非洲都拥有悠久灿烂的古代文明,都曾走在世界文明的前列,是世界文明百花园的重要成员。双方虽相距万里之遥,但文明交流互鉴的脚步从未停歇。进入21世纪,特别是党的十八大以来,中非文明交流互鉴迈入新阶段。中华文明和非洲文明都孕育和彰显出平等相待、相互尊重、和谐相处等重要理念,深化中非文明互鉴,增强对彼此历史和文明的理解认知,共同讲好中非友好合作故事,为新时代中非友好合作行稳致远汲取历史养分、夯实思想根基。

中国式现代化，是中国共产党领导的社会主义现代化，既有各国现代化的共同特征，更有基于自己国情的中国特色。中国式现代化，深深植根于中华优秀传统文化，体现科学社会主义的先进本质，借鉴吸收一切人类优秀文明成果，代表人类文明进步的发展方向，展现了不同于西方现代化模式的新图景，是一种全新的人类文明形态。中国式现代化的新图景，为包括非洲国家在内的广大发展中国家发展提供了有益参考和借鉴。近年来，非洲在自主可持续发展、联合自强道路上取得了可喜进步，从西方眼中"没有希望的大陆"变成了"充满希望的大陆"，成为"奔跑的雄狮"。非洲各国正在积极探索适合自身国情的发展道路，非洲人民正在为实现《2063年议程》与和平繁荣的"非洲梦"而努力奋斗。中国坚定支持非洲国家探索符合自身国情的发展道路，愿与非洲兄弟共享中国式现代化机遇，在中国全面建设社会主义现代化国家新征程上，以中国的新发展为非洲和世界提供发展新机遇。

中国与非洲传统友谊源远流长，中非历来是命运共同体。中国高度重视发展中非关系，2013年3月，习近平担任国家主席后首次出访就选择了非洲；2018年7月，习近平连任国家主席后首次出访仍然选择了非洲；五年间，习近平主席先后4次踏上非洲大陆，访问坦桑尼亚、南非、塞内加尔等八国，向世界表明中国对中非传统友谊倍加珍惜，对非洲和中非关系高度重视。在2018年中非合作论坛北京峰会上，习近平主席指出："中非早已结成休戚与共的命运共同体。我们愿同非洲人民心往一处想、劲往一处使，共筑更加紧密的中非命运共同体，为推动构建人类命运共同体树立典范。"[①] 2021年中非合作论坛第八届部长级会议上，习近平主席首次提出了"中非友好合作精神"，即"真诚友

---

① 《携手共命运—同心促发展——在2018年中非合作论坛北京峰会开幕式上的主旨讲话》，人民出版社2018年版，第6页。

好、平等相待，互利共赢、共同发展，主持公道、捍卫正义，顺应时势、开放包容"[①]。这是对中非友好合作丰富内涵的高度概括，是中非双方在争取民族独立和国家解放的历史进程中培育的宝贵财富，是中非双方在发展振兴和团结协作的伟大征程上形成的重要风范，体现了友好、平等、共赢、正义的鲜明特征，是新型国际关系的时代标杆。

随着中非合作蓬勃发展，国际社会对中非关系的关注度不断提高。一方面，震惊于中国在非洲影响力的快速上升；另一方面，忧虑于自身在非洲影响力的急速下降，西方国家不时泛起一些肆意抹黑、诋毁中非关系的奇谈怪论，诸如"新殖民主义论""资源争夺论""中国债务陷阱论"等，给发展中非关系带来一定程度的干扰。在此背景下，学术界加强对非洲和中非关系的研究，及时推出相关研究成果，提升中非双方的国际话语权，展示中非务实合作的丰硕成果，客观积极地反映中非关系良好发展，向世界发出中国声音，显得日益紧迫和重要。

以习近平新时代中国特色社会主义思想为指导，中国社会科学院努力建设马克思主义理论阵地，发挥为党和国家决策服务的思想库作用，努力为构建中国特色哲学社会科学学科体系、学术体系、话语体系作出新的更大贡献，不断增强我国哲学社会科学的国际影响力。中国社会科学院西亚非洲研究所是遵照毛泽东主席指示成立的区域性研究机构，长期致力于非洲问题和中非关系研究，基础研究和应用研究双轮驱动，融合发展。

以西亚非洲研究所为主体 2019 年 4 月成立的中国非洲研究院，是习近平主席在中非合作论坛北京峰会上宣布的加强中非人文交流行动的重要举措。自西亚非洲研究所及至中国非洲研究院成立以来，出版和发表了大量论文、专著和研究报告，为国家决策部门提供了大量咨

---

① 《习近平重要讲话单行本（2021 年合订本）》，人民出版社 2022 年版，第 166 页。

询报告，在国内外的影响力不断扩大。遵照习近平主席致中国非洲研究院成立贺信精神，中国非洲研究院的宗旨是：汇聚中非学术智库资源，深化中非文明互鉴，加强中非治国理政和发展经验交流，为中非和中非同其他各方的合作集思广益、建言献策，为中非携手推进"一带一路"高质量发展、共同建设面向未来的中非全面战略合作伙伴关系、构筑更加紧密的中非命运共同体提供智力支持和人才支撑。

中国非洲研究院有四大功能：一是发挥交流平台作用，密切中非学术交往。办好三大讲坛、三大论坛、三大会议。三大讲坛包括"非洲讲坛""中国讲坛""大使讲坛"，三大论坛包括"非洲留学生论坛""中非学术翻译论坛""大航海时代与21世纪海峡两岸学术论坛"，三大会议包括"中非文明对话大会""《（新编）中国通史》和《非洲通史（多卷本）》比较研究国际研讨会""中国非洲研究年会"。二是发挥研究基地作用，聚焦共建"一带一路"。开展中非合作研究，对中非共同关注的重大问题和热点问题进行跟踪研究，定期发布研究课题及其成果。三是发挥人才高地作用，培养高端专业人才。开展学历学位教育，实施中非学者互访项目，扶持青年学者和培养高端专业人才。四是发挥传播窗口作用，讲好中非友好故事。办好中国非洲研究院微信公众号，办好中英文中国非洲研究院网站，创办多语种《中国非洲学刊》。

为贯彻落实习近平主席的贺信精神，更好汇聚中非学术智库资源，团结非洲学者，引领中国非洲研究队伍提高学术水平和创新能力，推动相关非洲学科融合发展，推出精品力作，同时重视加强学术道德建设，中国非洲研究院面向全国非洲研究学界，坚持立足中国，放眼世界，特设"中国非洲研究院文库"。"中国非洲研究院文库"坚持精品导向，由相关部门领导与专家学者组成的编辑委员会遴选非洲研究及中非关系研究的相关成果，并统一组织出版。文库下设五大系列丛书："学术著作"系列重在推动学科建设和学科发展，反映非洲发展问题、发展道路及中非合作等某一学科领域的系统性专题研究或国别研究成果；"学术译丛"系列主要把非洲学者以及其他地方学者有关非洲问题研究的学术著作翻译成中文出版，特别注重全面反映非洲本土学者的学术水平、学术观点和对自身发展问题的见识；"智库报告"系列以中非关系为研究主线，中非各领域合作、国别双边关系及中国与其他国际角色在非洲的互动关系为支撑，客观、准确、翔实地反映中非合作的现状，为新时代中非关系顺利发展提供对策建议；"研究论丛"系列基于国际格局新变化、中国特色社会主义进入新时代，集中中国专家学者研究非洲政治、经济、安全、社会发展等方面的重大问题和非洲国际关系的创新性学术论文，具有基础性、系统性和标志性研究成果的特点；"年鉴"系列是连续出版的资料性文献，分中英文两种版本，设有"重要文献""热点聚焦""专题特稿""研究综述""新书选介""学刊简介""学术机构""学术动态""数据统计""年度大事"等栏目，系统汇集每年度非洲研究的新观点、新动态、新成果。

期待中国的非洲研究和非洲的中国研究在中国非洲研究院成立新的历史起点上，凝聚国内研究力量，联合非洲各国专家学者，开拓进取，勇于创新，不断推进我国的非洲研究和非洲的中国研究以及中非关系研究，从而更好地服务于中非高质量共建"一带一路"，助力新时代中非友好合作全面深入发展，推动构建更加紧密的中非命运共同体。

中国非洲研究院
2023 年 7 月

目　　录

绪论：文化景观考古学　　/ 001

第一部分　巨石圈空间

第一章　关于巨石圈与领土的猜想　　/ 011

第二章　塞内冈比亚巨石圈区域　　/ 017
  一　从冈比亚河到萨卢姆河："两河之地"的结构　　/ 022
  二　文化景观的结构：小宝伯隆河流域　　/ 025

第三章　一级遗址：西内—恩加耶纳墓葬群　　/ 035
  一　西内—恩加耶纳墓地的空间组织　　/ 036
  二　西内—恩加耶纳墓地的挖掘工作　　/ 050
  三　小结　　/ 080

第四章　二级遗址：恩加耶纳2号墓葬群　　/ 082
  一　墓地　　/ 082

二　恩加耶纳2号墓葬群的炼铁场遗址　/094
三　恩加耶纳2号墓葬群的采石场　/096

第五章　三级遗址：桑蒂乌—恩加耶纳墓葬群　/098
一　发掘的墓冢　/099
二　总结分析：埋葬逝者、标记空间和生产祖先　/115

第二部分　巨石圈空间的西翼和东翼

第六章　萨卢姆河三角洲　/123
一　现居人口的历史传统　/127
二　软体动物的开发利用　/132

第七章　贝丘考古　/134
一　恩迪阿蒙—巴达特贝丘：公元前一千纪中叶农民的生活方式　/135
二　迪奥隆—布玛克贝丘：贝坦提岛群古代农民生活方式　/137
三　迪奥隆—本道：贝坦提岛群古代农民生活方式的各个方面　/140
四　苏库塔：诺姆巴托旧时农民的生活方式　/143
五　班加雷尔：诺姆巴托贝丘的形成和发展速度　/143
六　法布拉：关于贝丘形成速度的补充信息　/144

第八章　贝丘与领土标记策略　/146
一　甘杜勒岛群的贝丘　/148

目　录

　　二　普塔克小岛和古克小岛的贝冢　／152
　　三　贝坦提岛群贝丘　／155
　　四　诺姆巴托贝丘群　／159
　　五　领土化、集约化和交换　／161
　　六　文化遗产保护　／164

第九章　巴萨里和贝迪克文化景观　／169
　　一　巴萨里人　／170
　　二　贝迪克人　／175
　　三　小结　／177

第十章　巴萨里和贝迪克考古　／178
　　一　巴萨里地区的考古调查　／180
　　二　在贝迪克人的埃提奥瓦尔村的考古调查　／202

第十一章　抵抗之地　／206
　　一　贝迪克人和巴萨里人　／206
　　二　喀麦隆北部廷格林（Tinguelin）高原的
　　　　避难地和抵抗活动　／207
　　三　喀麦隆北部曼达拉（Mandara）高地的
　　　　避难所和抵抗活动　／208
　　四　西苏丹"努巴山"（Nuba）的避难所和抵抗活动　／209
　　五　展望和小结　／209

结　论　／211

参考文献　／213

译后记　／225

绪 论 / 文化景观考古学

　　理论上，人类对周边自然环境采取的任何行动都会留下印迹。其中部分印迹比其他印迹更为持久、显著和广泛。因为人类作用于周边自然环境时使用了多种多样且不断变化的工具、手段和方式，所以必须采用整体法开展研究。物质文化的生产是最容易研究的，其实体性及其时空定位使之成为优先分析对象。然而，人类认知中的非物质要素才是主要的结构维度。物质生产因为被赋予了认知意义，才成为毫无疑义的文化元素。在此意义上，一片"树林"的整体代表性远远超过构成树林的各个植物物种。在一个特定空间中所有的人类留痕就构成了文化景观。

一　景观

　　"景观"这一操作性概念随着画家、地理学家、人类学家和生态学家及其他学者的争论得以构建（Anschuetz et al., 2001; Burnouf, 2003;

Chouquer, 2001; David & Thomas, 2008; Harmansah, 2014; Holl, 1993; Lavigne, 2003; Luginbuhl, 2007)。地球的生物地理结构以大型生物气候单元的形式呈现，一方水土养育一方动植物群体。这些大型生物气候单元呈现为从赤道到两极间大致平行的广袤地带。然而，"景观"概念并不适用于生物气候单元。那它的适用性在哪里？

我们暂且不对"景观"这个词进行冗长的诠释。这一概念最早在艺术范畴中围绕再现自然的形式和技术而出现。从这个角度看，"景观"是一个严格的文化主义概念，因此实际上是一种文化生产。"景观是艺术的产物，只能是文化的"（Luginbuhl，2007：32）。这个概念属于特定的文化领域。舒克对此进行了简述，表示他"反对将'物质'与'精神'割裂的现代性（笛卡儿），反对人文科学陷入这样一种幻想，即文化可以如一个自由的齿轮般自我运行而无须大自然介入"（Chouquer，2001：238）。

自然的"艺术化"并不创造自然，而是根据现行的艺术标准来呈现自然。旧石器时代晚期的洞窟和石壁上都可以找到这种呈现。贝尔克（A. Berque，2001：241）认为"景观是一个社会发现其所处环境以及将该环境视为景观的时刻"，这个表述是令人惊讶的。很难想象一个社会会"发现"其身处的环境，因为环境是其存在的基本性组成。

生态研究方法比环境研究方法要更为适用。生态研究方法从生物意义上将景观理解为有机物和矿物质的接续转化（Lavigne，2003；Luginbuhl，2007），是否有人类存在并不重要。然而，人类不论多少，总是无所不在的（Chisholm，1979；Chorley & Haggett，1967；Haggett，1973；Vita-Finzi & Higgs，1970），人类是营养系统——食物链的一部分，并因此扎根于不同的生物群落。因此，景观成为"一种社会建构，在社会进程和生物物理进程之间的互动中，在自然界物质维度和非物质维度之间的互动中，都可以感知到这种社会建构"(Luginbuhl, 2007: 34)。

二 文化

自然力量引发的变化已然能够创造出美丽的景观。美国西南部亚利桑那州大峡谷地质层的鬼斧神工带来了瑰丽美景,撒哈拉沙漠的日落令人目眩神迷,喜马拉雅山或阿尔卑斯山的冰川同样美不胜收,这些只是无数自然景观中的几个例子。一旦有人类介入,景观立即具有了文化意蕴。在时间的长河中,自远古至今,人类的定居一直遵循某些准则,包括获得基本资源即水和食物的准则。随着人类社会的扩张和多元化发展,各种准则不断增多,空间也随之具有了概念与象征层面上的更多价值。

在一个持续的辩证进程中,空间的社会化与社会的自然化并行不悖(Chorin & Holl, 2013)。考古遗址内物品的集聚标志着多种多样的时间定位。这些遗址的规模有大有小,以不同的方式分布在大小相异的空间里,标记着文化实体群落及其日常生活和共同历史(Harmansah, 2014; Strang, 2008)。文化景观同时也是认知的景观。例如,澳大利亚土著人的宇宙是以"梦幻时间"(dreamtime)为中心的,"在梦幻中,祖先,包括女性和男性,构成了景观,并作为孕育人类精神和生态资源的力量而固存于景观中"(Strang, 2008: 53)。

三 文化景观考古学

文化景观考古学可以追溯到考古学发展历史的早期。起初从考古类型学得出的某些文化特征的分布图旨在描绘从前的大文化区格局。早期的文化景观学概念逐步得到改进，一些简单化的概念被摒弃。目前的概念根植于整体考古学的发展，它严格涵盖了考古调查所涉及的社会生活的所有内容（Anschuetz et al.，2001；David & Thomas，2008；Harmansah，2014；Holl，1993；Patterson，2008）。"文化景观"的概念是整体性的，具有丰富的多学科内涵。它集中了人类文化的方方面面及其物质和非物质的表达（Anschuetz et al.，2001）。因此，本书中文化景观的含义可以通过4个补充性的定义来描述：（1）文化景观是综合的，文化系统构建和组织了人类与自然环境之间的互动；（2）文化景观是文化产出，聚居群落通过日常活动、信仰和价值观，将物理空间转化为有意涵的所在；（3）文化景观是所有群体活动的框架；（4）文化景观从根本上看是动态的构建过程。

因此，文化景观考古学可以依托几个可观察到的维度。第一，文化景观考古学具有生态和环境的维度，拥有获得资源的多种方式。第二，文化景观考古学研究某个观察空间范围内的人居布局（settlement patterns），以及不同的人口和居所分布。第三，文化景观考古学研究的是生存—定居系统中的关系，人类群居与生存活动可能有重要的季节性波动。第四，文化景观考古学覆盖陆地、天空和地下空间及其所有影响。第五，文化景观考古学包括宇宙观和世界观的物质化。第六，文化景观考古学构成功能背景和功能框架。

确定勘查空间或研究区域是开展这一新课题研究的基本步骤。研究范围和勘查领域必须是明确的。文化景观考古学从定义上就具有区域性。不同方法论的选项都是在一个严格的研究框架内确定的。过去四十年来，空间分析和民族考古学理论及方法的发展表明，"空间从根本上说是连续的，但人类群体以不同的方式赋予空间以价值，对其进行分类、再细分和使用"(Darvill, 2008: 63)。鉴于其整体化的目标，文化景观考古学的定义不可能太简单。大卫和托马斯在《景观考古学手册》(*Handbook of Landscape Archaeology*)的导言中提出的定义具有高度的适用性。

> 景观考古学研究的是人们如何审视世界，如何跨越空间相互接触，如何选择塑造他们周围的环境，或者其行为如何受到地方风土潜移默化的影响。它涉及人类有意识和无意识的行为，以及身体和精神的能动性。景观关系到人们如何安排他们的日常生活（David & Thomas, 2008: 38）。

四　本书内容

本书介绍了塞内冈比亚的 3 个案例。它们均被列入了联合国教科文组织世界遗产名录。本书所使用的数据采集于过去 15 年间进行的十余次实地考察。

本书分为两大部分。

第一部分将介绍塞内冈比亚巨石圈，共有 5 章。根据目前的研究状况，巨石圈的年代可追溯到公元前 1350 年至公元 1500 年，我们将在多个空间层面上对其进行探讨。第一章提出了一个假设，即巨石圈是一种文化带和环境带的现象。第二章探讨了塞内冈比亚巨石圈的结构和规律性。石圈空间的结构化发生在主要河流及其支流的集水区域。第三章聚焦于作为研究对象的小宝伯隆河（Petit Bao Bolon）集水区域。对遗址地理分布的严谨分析揭示了一种新的社会地理学。西内—恩加耶纳（Sine

Ngayene）墓葬群、恩加耶纳 2 号（Ngayene-Ⅱ）墓葬群和桑蒂乌—恩加耶纳（Santhiou Ngayene）墓葬群这三个部分或全部发掘的遗址将分别用一个章节来介绍。第一部分的结论讨论了丧葬习俗的多样性及其影响，包括整个集水区域不同遗址丰富而各有特点的仪式和典礼。

第二部分研究的是塞内冈比亚巨石圈的西侧和东侧区域的景观。本部分将用 3 个章节介绍以萨卢姆河三角洲的贝冢为代表的西侧区域。对软体动物不同程度的密集开发是萨卢姆岛屿的标志性特点，其最古老的痕迹可以追溯到公元前一千纪中期。第六章介绍萨卢姆河三角洲，包括其目前的人口，其民族史以及采集、加工和保存软体动物的方法。贝丘无疑标记着软体动物的首选采集区，也标记着非常有利于它们繁殖的地点。所以，贝丘是分界面标志物，因而在位置上具有灵活性。萨卢姆河三角洲贝丘的考古工作仅限于数个已发掘的遗址，这将在第七章中进行介绍。一些贝丘在公元一千纪后半期开始被改造成墓地。考古资料表明，在东面的巨石圈墓地中存在来自萨卢姆河三角洲的陶器和贝壳。因此，对软体动物的密集开发是区域经济体系的一部分。第八章对贝丘的空间分布再次进行了严格分析，考虑到了贝丘的规模和密集程度。结果是令人惊讶的，贝丘的分布几乎都遵循了同样的规律，揭示了一些势均力敌的大群落的领土化进程。而更精细的时间排序将使我们得以更好地定义所观察到的嬗变的强度和节奏。

对巨石圈东面区域的研究是对塞内加尔东南部巴萨里和贝迪克空间利用情况的初步研究。这部分由 3 个章节组成。第九章介绍了巴萨里和贝迪克的人口情况。数世纪以来，当地居民一直在强烈反抗伊斯兰化和奴隶贸易，因此产生了抵抗性空间。第十章回顾了考古勘查的结果，事实上，这些调查记录了防御性建筑的特点和性质。第十一章从贝迪克和巴萨里的案例延伸开来，把讨论扩展到非洲其他几个发生抵抗活动的地区。

这三个个案经历了从公元前二千纪中期到今天的漫长时间。对巨石圈现象的分析完全是考古学范畴的。对萨卢姆河三角洲的分析也具有很强的考古学意义，但也包含民族史的探讨。巴萨里和贝迪克地区的个案研究则完全是当代背景下的探索。无论如何，巨石圈、贝丘、废弃的村庄和被改变用途的洞穴都意味着古代和当代塞内冈比亚文化景观构建的不同模式。

第一部分

巨石圈空间

第一章 关于巨石圈与领土的猜想

全新世末期,在欧洲西部出现的巨石建筑,进入人类历史,傲视岁月变迁。这一现象后来向大陆内部地区蔓延,如法国南部。伦弗鲁认为,西欧的巨石现象是新石器时代第一批农耕和畜牧群落扩张的结果(Renfrew,1984,1987)。换句话说,这是人类向西朝海洋方向水纹式扩张的结果,包括西边的大西洋、南边的地中海和北边的北海。奠基效应(founder effect),"中石器时代"狩猎者和采集者群落的双向互动,如布列塔尼的特维茨(Teviec)和奥迪克(Hoedic)遗址,以及随之而来的人口增长,这一切带来了新的领土战略的实施。一些人建造起令人震撼的建筑:支石墓、石圈、有顶廊道和其他形式墓冢。其他人则在不同的景观位置上竖起了巨大的石块——石柱和石柱列(Joussaume,1974,1985,2003,2007;Renfrew,1984,1987)。这毫无疑问是领土标记,但其逻辑仍有待明晰。

除了东非图尔卡纳湖西畔的纳莫拉通加石林(Nomaturanga)和马达加斯加岛,非洲巨石阵主要集中在非洲大陆的北半球部分(图1.1)。在东撒哈拉地区的埃及发现了一系列的巨石阵，包括一个祭祀牛的墓葬、一个日晷和一些祭坛，其年代为公元前 4000—前 2000 年（Wendorf & Malville，2001）。在埃塞俄比亚的不同地区有各种各样的墓葬群，包括带有墓室的墓冢和精致的石碑，在希达莫州（Sidamo）尤为集中（Joussaume，1974，1985，1995，2003，2007）。

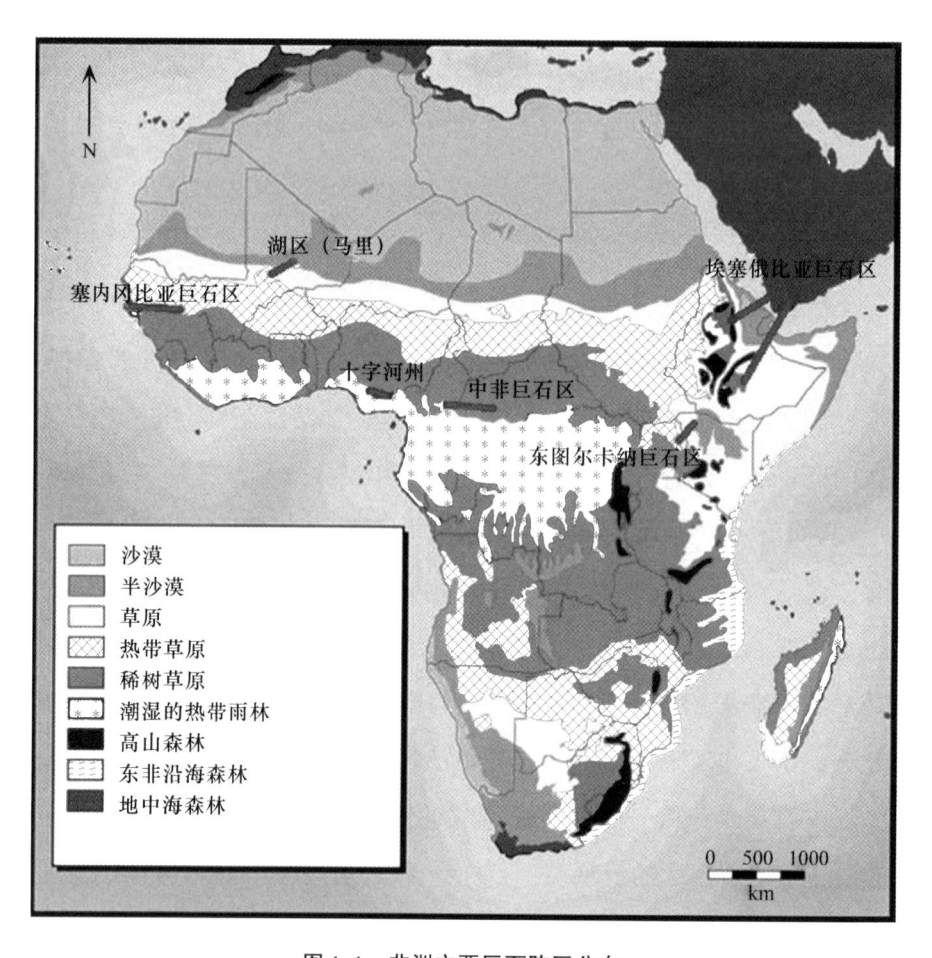

图 1.1 非洲主要巨石阵区分布

（图片来源：Exploring Africa，African Studies Center，Michigan State University）

北非地中海沿岸的支石墓和其他巨石墓冢很可能属于金石并用时代和青铜时代环地中海地区的传统。在广袤的撒哈拉大沙漠里，形式、大小和制作精致程度极为多样的撒哈拉墓葬建筑物比比皆是。这些用石块砌成的纪念性建筑物并不是严格意义上的巨石建筑，但它们也是领土标记和记忆保存进程的一部分。

尼日利亚东南部的人形巨石集中在十字河州（Cross-River），考古学上完全无法解释，保持着神秘的色彩。中非共和国西北部的巨石传统在过去20年中是持续研究的对象（Zangato，1999，2000）。这些建筑的大小和结构各不相同，一般都是四角形的。它们散落在景观中，被放置在河流的源头，茕茕孑立或2—4个一组，但从未组成墓地。这些建筑有些是墓葬建筑，有些则用于圈成仪式场地，其细节我们仍无从得知。

马里湖区的巨石，包括著名的东迪达鲁（Tondidaru）遗址，可以追溯到公元一千纪中期（公元600—700年）。这些巨石或独立存在，或排列成行，有些石头上还细致地雕刻着人类的特征——脸部、肚脐、疤痕，它们与墓葬没有任何关联。

塞内冈比亚的巨石圈位于西非的西端（图1.1），我们将在后文详细讨论。它们可能是非洲最壮观的巨石建筑之一。

马达加斯加巨石阵相对年代较新，且都是墓葬建筑，属于公元二千纪中期出现的伊梅里纳（Imerina）国家精英阶层。它们今天仍是当地民族史的一部分，其中一些仍被用于翻尸节这一重要的仪式。

史前巨石文化一直令现代人着迷。制造和运输这些巨大的石块以及建造巨石建筑所需的技术能力、专业知识和工程组织都令人吃惊。这些勇敢的古代"建筑师"的身份仍然笼罩在神秘的"光环"中，并保持着持久的魅力，激发着公众永不满足的好奇心（Reader Digest，1979）。通常由谨慎的研究人员所开展的研究工作大多数都是描述性的，并回避了一个基本问题：这些巨石建筑为何而建？

　　人类群落热衷于发展出不同形式的精神信仰。人们基于这种热情，提出了一些出于直觉但不够完善的对巨石建筑的诠释。这些诠释完全可以纳入考虑范围，却无法解释为什么巨石建筑在特定的时间和特定的地理区域得以发展，而在其他地区并不存在。根据前文中伦弗鲁（Renfrew，1984）提出的看法，我们可以假设，巨石建筑是在出现争议的情况下标记、控制或占有领土的战略的一部分。这种争议可能是因不同的社会经济体相遇而产生的，如一方是狩猎采集者，另一方是果蔬种植者，或者说定居的农民或游牧民。巨石建筑的建造发展起来后即形成了一种习惯行为，随之在其创造者的社会文化习俗中得到传承。还可以想象的是，巨石建筑可能被邻近的群落复制模仿，得以水纹式大面积传播。

　　巨石建筑是一种地区现象。

　　埃塞俄比亚是重要的巨石建筑集中地，其历史纵贯公元前二千纪到公元二千纪中期，主要分为三个传统类型。最古老的是东部哈拉尔（Harar）高地的遗址，可能也是其他两个传统类型的源头，遗址包括支石冢和带有墓室的墓冢，并规划为大小各异的墓地（Joussaume，1974，1995，2003）。其他两处，一是北方的石碑传统类型，在阿克苏姆尤为壮观；二是希达莫的人形石碑。

　　哈拉尔省的墓群位于达纳基尔（Danakil）沙漠和切尔切（Tchercher）山脊之间海拔2000米处一块长70千米、宽30千米的区域。该区域分为两组墓群，一组是苏雷（Sourre）、卡巴纳瓦（Kabanawa）、哈拉尤（Hallayou）、甘德—哈莫（Gand-Hamo）、哈桑—约瑟夫—奥夫勒（Hassan Yossouf Ofle）、哈桑—阿卜迪（Hassan Abdi）和加尔马（Galma），另一组是查费（Tchaffe）、甘达—卡尔卡萨（Ganda-Karkassa）、甘达—卡达纳（Ganda-Kadana）。第一组为切连科（Tchelenko）墓群，第二组为多巴（Doba）墓群。在每个组中，各墓地之间的距离基本都是相等的，间隔约为"步行两小时"的距离。经过发掘和年代推定可以判断出，哈拉尔墓群的历史从公元前二千纪延伸到公元二千纪初期。在这个案例中领土标记作用是毋庸置疑的，可能是由狩猎采集群落和早期农业群落之间的互动引发，后者创造了埃塞俄比亚高原的农业。该农业系统具有独有的特征，拥有苔麸等其他地方所没有的作物。

阿克苏姆石碑的传统是宏伟而具有城市性的，与君主和精英层的庆祝活动直接相关（Phillipson，2003）。它们出现在公元前一千纪的最后几个世纪，一直持续出现，直至阿克苏姆君主皈依基督教。这些石碑是阿克苏姆城最引人注目的遗迹。"其中最大的一块，现在已经坍塌破碎，原来有33米长，重达520吨；它可能是自古以来全世界的人们尝试竖立起来的最巨大的石块"（Phillipson，2003：13）。

南部希达莫州的石碑呈男性生殖器形状或人形，还有雕刻了剑和面具的浮雕，均被用作墓碑，分布在规模各异的墓地。其中，提亚（Tiya）、塞得内（Sedene）、图托费洛（Tuto Felo）、阿鲁西（Arussi）和孔索（Konso）等墓地估计与大量集中居住并与游牧民进行互动的农业人口有关。索多（Soddo）地区北部的石碑的分布很有规划性，但也有一些相互交错。人形石碑坐落于东北部沿阿瓦什河（Awash）的一个12千米长、5千米宽的区域。刻有剑和面具浮雕的石碑位于东部一个10千米长、6千米宽的区域。最后，"鼓"形石碑位于西部区域，分布在一个20千米长、12千米宽的区域（Joussaume，1995）。在这个案例中，领土标记与水文系统之间具有必然性关联。

喀麦隆和中非共和国的东阿达马瓦（Adamawa）和乌班吉（Oubangui）山脊的巨石建筑位于北边乍得盆地和南边刚果盆地之间的分水岭上，分布面积达14000平方千米。它们在形式、大小和用途方面有很大不同，建造时间从公元前三千纪末期到公元二千纪中期。该地区的巨石建筑为四角形，由一排一排的花岗岩巨石构成。它们一般或是孤立的，或是 2—3 个一组，靠近河流的源头。根据考古发掘数据，这些石碑建于公元前 2000 年至前 1000 年这一所谓巴林贝（Balimbé）时期的早期阶段，仅具有仪式和领土标记的作用（Zangato，1999，2000）。此时，耕种群落可能与赤道雨林的狩猎采集群落发生了互动。在下一个阶段，即公元前 950—前 200 年的旧加巴比里（Gbabiri Ancien）时期，巨石建筑仍在继续建造，但出现了第一批石冢。然后在新加巴比里时期（Gbabiri récent，公元前 200—公元 500 年），石冢继续建造，但正如在塔祖努—科波格贝利（Tazunu Kpogbere）1 号、2 号和 3 号遗址的发掘所显示的那样，这些石冢中都没有墓穴。埋葬是在其他地方进行的，遗体焚烧后存入骨灰盒，埋入墓穴。巨石用于领土标记和仪式的时代延续到布本（Bouboun）时期（公元 500—1600 年）方告结束。东阿达马瓦和乌班吉山脊的巨石建筑几乎完全与农业群落与狩猎采集群落互动时标记、控制或占有领土行为有关。

肯尼亚西北部东图尔卡纳（Turkana Oriental）的纳莫拉通加石林（Namoratunga，意为"巨石圈"）可以追溯到公元前二千纪早期（Hildebrand，2010）。这是简单的原始葬仪。逝者以屈体姿势被埋葬，向右侧躺。中央墓穴被玄武岩石块包围，石块构成一个直径为 1.20—4.40 米的圆形。纳莫拉通加的建造者是游牧群落，可能在公元前二千纪早期与图尔卡纳湖盆地的渔猎群落进行了互动。这些石林标记着他们的游牧线路和牧场。

如上述案例所示，巨石建筑的建造是在不同社会经济群落频繁互动的情况下发展起来的，某种意义上可以说是"前锋线"的表现形式。这一现象始于公元前三千纪末，特别是公元前二千纪期间，出现在埃塞俄比亚高原、阿达马瓦东部、图尔卡纳湖盆地以及后面章节将会介绍的塞内冈比亚地区。

第二章
塞内冈比亚巨石圈区域

塞内冈比亚巨石圈区域横跨塞内加尔共和国和冈比亚共和国，面积为33000平方千米。它东西向从坦巴昆达（Tambacounda）到考拉克（Kaolack）延伸250—300千米，南北向从萨卢姆河到冈比亚河纵贯120—150千米（图2.1和图2.2）。该区域共记录有2000个遗址，16800处建筑，其中包括1045个巨石圈、3448个墓冢、9093个石圈和3204个石柱（Gallay et al., 1981, 1982; Martin, Becker, 1984）。双圈石阵是一个特殊类别，其中有十余个已经被编目，有4个被挖掘，主要涉及提埃科纳—布苏拉（Tiekene-Boussoura）遗址（Thilmans & Descamps, 1974, 1975）、凯尔—巴切（Ker-Batch）遗址（Ozanne, 1965）和西内—恩加耶纳遗址（Holl & Bocoum, 2006, 2014; Holl et al., 2007）。

殖民时期进行的发掘工作使人们掌握了塞内冈比亚巨石圈的规模和复杂性。20世纪下半叶启动的研究计划按照更加规范严格的现场流程进行。70年代，提尔曼斯和德尚（G. Thilmans & C. Descamps, 1974, 1975; Thilmans et al., 1980）发起了一项雄心勃勃的计划，目标是掌握塞内冈比

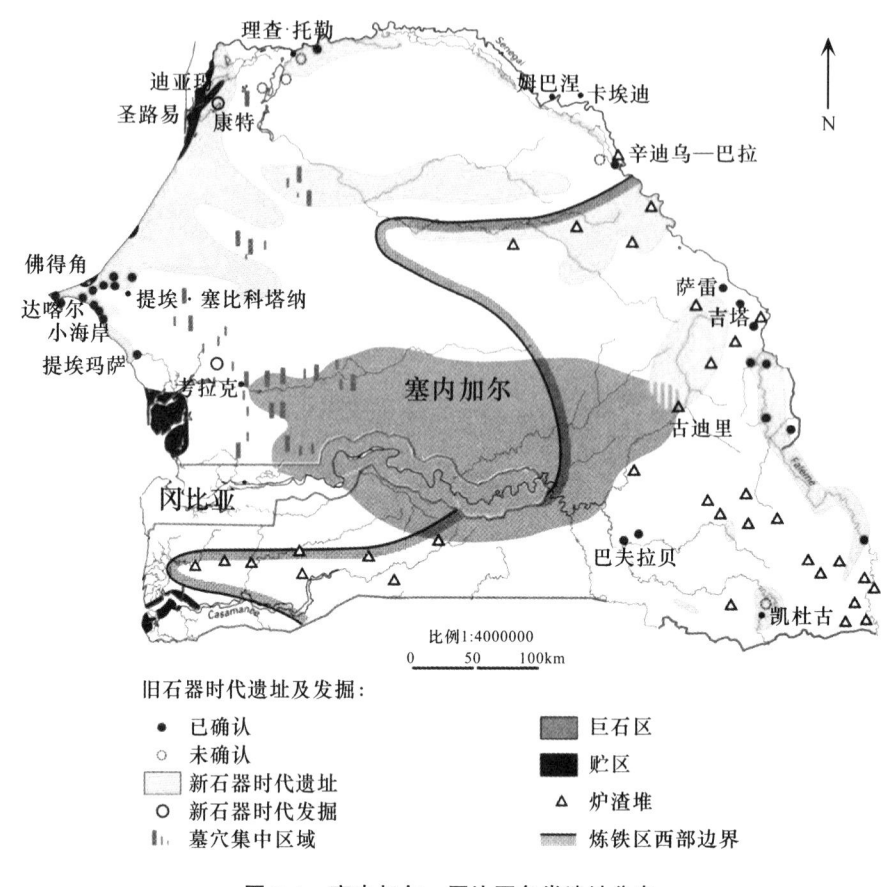

图 2.1 塞内加尔—冈比亚各类遗址分布

（图片来源：http://sundrara.com/histo-geo/prehistoire-et-protohistoire-au-senegal）

亚巨石圈的历史编年脉络和区域特征。他们在 4 个地点进行了挖掘：西部的西内—恩加耶纳，中部的提埃科纳—布苏拉和考迪亚姆（Kodiam），以及东部的萨雷—迪乌尔德（Saré-Dioulé）（图 2.2）。马丁和贝克尔（Martin & Becker，1984）对整个巨石圈区域最重要的遗址进行了广泛的调查和测绘。加莱等（Gallay et al.，1981，1982；Gallay，2006，2010）专注于西部的一个重要巨石墓地，在姆博洛普—托贝（Mbolop-Tobe）发掘了两

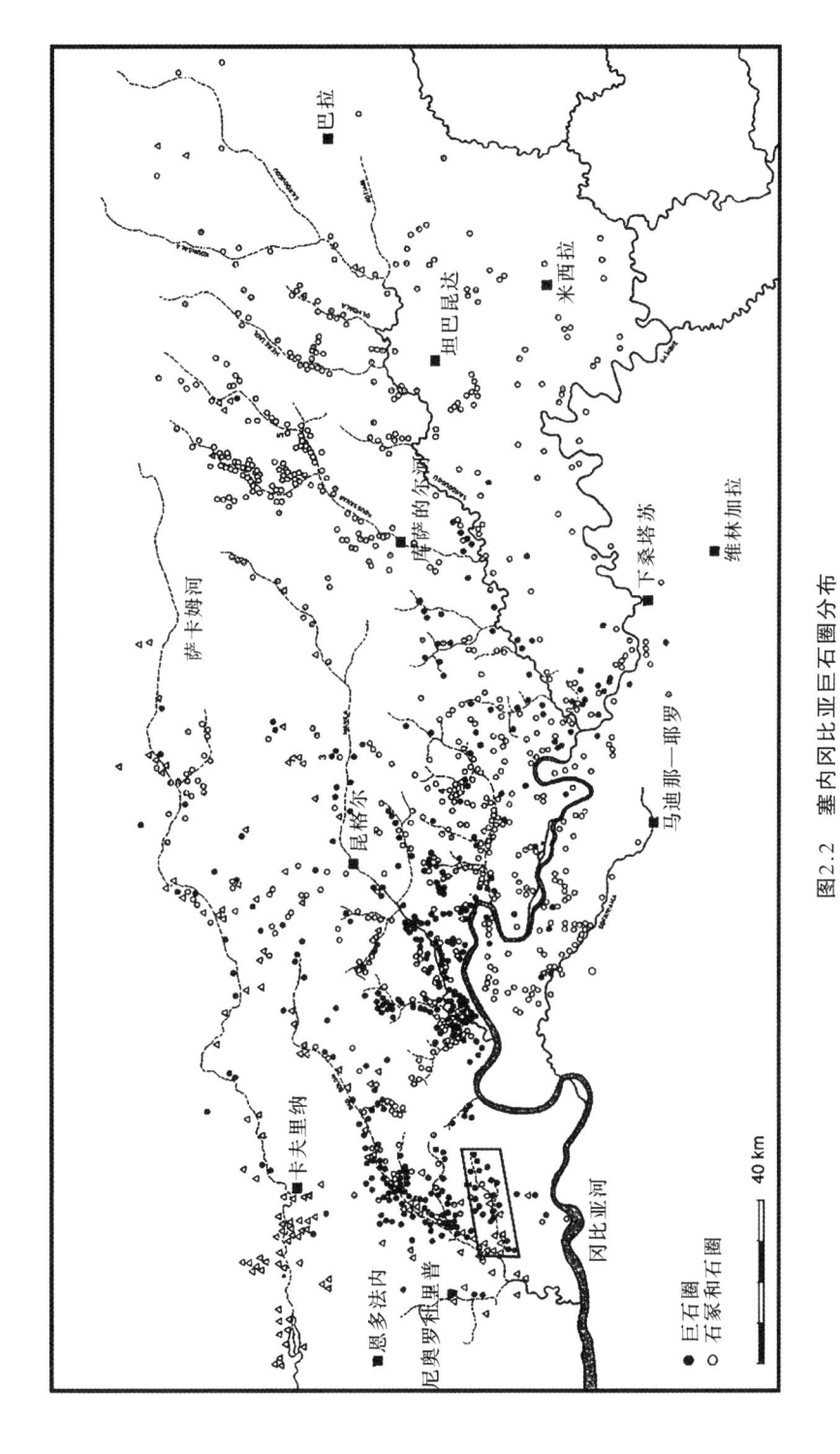

第二章 塞内冈比亚巨石圈区域

图2.2 塞内冈比亚巨石圈分布
（图片来源：A. Gallay et al., 1881）

019

处石圈。英属冈比亚巨石圈考古队的负责人奥扎内（P. Ozanne, 1965）在冈比亚山谷的两个遗址——凯尔—巴切和瓦苏（Wassu）进行了试验性发掘。拉波尔特等（Laporte et al., 2007—2009；Laporte, 2010）等最近在列入联合国教科文组织世界遗产的瓦纳尔（Wanar）遗址启动了一项发掘计划。过去十年，在塞内加尔巨石圈区域西侧的小宝伯隆河流域也开展了一个区域考古计划——"西内—恩加耶纳考古项目"（Sine Ngayene Archaeological Project）（Holl & Bocoum, 2006, 2014, 2017；Holl et al., 2007）。

事实上，居住地、墓地、巨石采石场和炼铁作坊明显是构成塞内冈比亚巨石圈区域文化景观的不同元素。大小不一的巨石圈和石块为纪念逝者而矗立，专用于这些神圣的墓葬地。巨石建筑的形状和大小各异，或孤立于一隅，或被组织形成大大小小的墓地，主要沿河道分布（图2.2）。那么，巨石墓地在塞内冈比亚地区的分布是否依据一个清晰可辨的逻辑？

塞内冈比亚巨石建筑为何如此富于变化，原因仍不为人所知。对特定形式的选择是否与被埋葬者的社会地位、年龄或性别有关？这些建筑都是为埋葬逝者而建，种类繁多，呈现了丰富繁杂的墓葬礼仪。考古发掘工作开始于殖民时期，最初是由业余考古学家开展，后在20世纪下半叶由专业人士进行。人们提出了一些有意思的假设来解释这些神秘石圈的存在及其功能。

塞内冈比亚巨石圈最初被认为是"迦太基建筑师"的作品，或是西吉尔马萨（Sidjilmasa），即今天的塔赫特（Tahert）的犹太石匠行会成员的作品，或被视为太阳崇拜的表达（Jouenne, 1930；Parker, 1923）。人们基本上都从丧葬的角度去理解塞内冈比亚的巨石圈，认为它们构成了早期的单人或多人墓冢，并可能伴随有活人殉葬的习俗（Cros et al., 2012；Gallay et al., 1982, Thilmans et al., 1980）。塞内加尔中西部小宝伯隆河流域的区域考古计划根据两个类型的标准提出了新的假设，为研究塞内冈比亚巨石圈现象开辟了新的视角。

首先，巨石墓地反映了公元前二千纪后半期，农民、牧民、猎人、渔民和采集者在萨赫勒和苏丹—几内亚湿润地带之间的过渡地带采取的精妙的领土战略。这种领土标记从定义上看就具有累积性，长远看会留下不可磨灭的痕迹，并构建起文化景观。

其次，埋葬方式极其多样，且二次埋葬的情况占绝对优势比例。最精心设计的形式是在一个石圈中进行集体二次埋葬，这体现的是"祖先的生产模式"问题[①]。

简言之，从其与空间的关系、与土地的关系看，领土权是巨石圈现象的基本驱动力。从最简单的定义角度，领土是一个"利己团体"开展行动的空间框架，是掌控空间入口和控制空间的倾向。这些（领土标记）进程受到生存系统条件的制约，通过多种形式运作，具有不同的规模。一块领土可以通过一定数量的标志性建筑物来限定边界，得到保护。它也可以是一个松散的地块网络，如取水处、牧场、季节性营地等。一般来说，群落的每个成员只感知到劳埃德和迪肯所说的"客观环境"（Lloyd & Dicken，1977：316-317）的一部分，这个空间意识窗口也被称为"行为环境"或"行动空间"，是感知、接收和诠释环境信号的框架。然而，需要着重明确的是，"客观环境"传输的信息中只有很小的一部分被实际接收。正是这一小部分，也只有这一小部分，决定了每个个体的行为空间。这个行为空间之外的任何事件都不会对有意识的决策产生影响。

一个特定的人类群落与其领土的关系可以分解为几个嵌套在一起的

[①] 在古代非洲人的理念中没有"天堂"和"地狱"的分别，其理想中的境界就是与祖先团聚，并且成为祖先中的一员。这种生死观体现在了其墓葬习俗当中，故作者视之为一种"祖先的生产"。

层次。在塞内冈比亚巨石圈，巨石圈建造者所在的群落组织成由农民、牧民、狩猎采集者和渔民群居的村庄。村庄构成了基本的领土单位和空间单位，大多数日常活动都在这个单位内进行。种植区和放牧区位于这样的空间内，日出而作，日落而息。它相当于维塔-芬齐和黑格斯（Vita-Finzi & Higgs, 1970）所说的"定居区域"（site catchment area），即人们的乡土。定居区包括群体生活和繁衍所必需的基本资源。它包括小村庄，那里有住宅和日常生活设施，还包括围墙和牲畜圈、得到一定修缮维护的供水点以及附近的牧场。定居区随着时间的推移而演变。一些土地休耕，同时新的地块被开垦出来进行耕种。在四季分明的气候区，小村庄周围的土地每年轮作，提供可相互替代和补充的资源。这些小村庄通过联盟（通婚和政治结盟）和多种交流网络相互联系，因而形成了社会体系的串联，其日常空间在旷日持久中得以社会化、固定化。这种标记特定地理空间的累积过程，伴随着反复出现的物质符号和象征符号，最终孕育出了文化景观。

一 从冈比亚河到萨卢姆河："两河之地"的结构

塞内冈比亚巨石圈遗址的分布图清楚地表明，这些墓地都成群聚集在河流沿岸（图2.2），尤其是南部的冈比亚河和北部的萨卢姆河之间。事实上，冈比亚河的北部支流一带是巨石圈最集中的地方。显而易见，得到常流河浇灌的肥沃地区是吸引人口的地方。当时的人们面对着全新世末期的气候灾害，而萨卢姆河与冈比亚河之间的走廊地带是北部萨赫勒地区，即费罗（Ferlo）沙漠和南部更潮湿的苏丹—几内亚地区，即卡萨芒斯（Casamance）之间的过渡地带。这一纬度区极其密集的水系可能

第二章 塞内冈比亚巨石圈区域

是巨石圈密集分布的原因之一。

冈比亚河和萨卢姆河标志着塞内冈比亚巨石圈区域的南、北边界。该区域确可称得上"两河之地"。冈比亚河流域是巨石圈墓地最集中的地方，远超过其他地区。事实上，在其支流上发现的巨石墓地又比干流上多得多。在巨石圈区域的东部，由北边桑杜古河（Sandougou）和南边冈比亚河所围成的区域中，巨石圈墓地分散分布（图 2.1）。这些基本上都是小型的墓冢和碎石圈，以孤立点状或是大小不一的团状分布在坦巴昆达和米西拉（Missira）一带。一些巨石圈墓地位于下桑塔苏（Basse Santa Su）西面区域的西翼（图 2.2）。

桑杜古河是冈比亚河的一条北部支流，在其主河道和支流两岸有成群的墓地。东桑杜古河和孔加拉河（Koungala）的墓地数量相对较少，共有 15 个。西边的登巴拉河（Dembala）和内雷塔奥勒河（Nérétaol）地带分别有 10 个和 22 个墓地。在桑杜古河的北部支流——库萨纳尔河（Koussanar）两岸，墓冢和碎石圈更为密集。在库萨纳河流域以北，无论是干流还是支流沿岸，巨石圈的密度都特别高（图 2.2）。在马迪那—耶罗（Madina Yéro）和下桑塔苏地区以北的冈比亚河和桑杜古河交汇处，也零散分布着巨石墓地，包括墓冢、碎石圈和巨石圈。

在冈比亚河及其南部支流索法尼亚玛河（Sofaniama）的主要流域，巨石墓地的数量相对较少（图 2.1）。后者实际上是冈比亚河以南巨石区域的西部边界。巨石圈在这里非常罕见。塞内冈比亚巨石圈区域西侧占 1/3 面积的部分，墓地密度最高。在冈比亚河三大北支流的流域，遗址分布非常集中，特别是在伯隆—尼亚尼鲁（Bolon Nianilu）和大宝伯隆河（Grand Bao Bolon）沿岸（图 2.1）。该地区以巨石圈为主，其后依次是碎石圈、碎石冢和土冢。凯尔—巴切、西内—恩加耶纳、瓦纳尔和瓦苏等被列入联合国教科文组织世界遗产的巨石墓地都位于该区域。

在萨卢姆河沿岸巨石圈区的北边界位置，墓地密度相对很低。它们成串地分布在萨卢姆河两岸，主要集中在卡夫里纳（Kaffrine）一带（图2.1）。土冢是最多见的，其次是碎石冢和碎石圈，也有一些巨石圈。

总体看，已经编录在册的巨石建筑主要分为四类：巨石圈、碎石圈、碎石冢和土冢，并有若干组合方式。每一类别在不同墓地中的占比有很大不同。因此，由于每个墓地的主要墓冢的类型不同，塞内冈比亚巨石圈区域呈现有趣的布局（图2.2）。冈比亚盆地的东半部的墓地几乎全是碎石冢和碎石圈，巨石圈墓地比例非常小。在冈比亚河北岸西部1/3的区域内，巨石圈最为集中，碎石圈和碎石冢的比例也很高，而土冢较少。西部和北部区域则主要是土冢墓地，萨卢姆河的东部沿岸主要有碎石圈和土冢（图2.2）。观察到的这些规律承载着有意义的信息，但到底是什么信息？巨石建筑多样性的缘由是什么？特定墓地内的不同组合的原因又是什么？

在该区域进行的考古研究完全集中于巨石建筑，排除了所有其他类型。在塞内加尔东部、佛得角、大西洋沿岸和更南的几内亚发现了新石器时代遗址（Mauny，1963）。到目前为止，这些地方还没有发现巨石时代之前人类居住的痕迹。因此，"巨石化"很可能是随着萨卢姆河—冈比亚河走廊的殖民产生的。根据目前的研究现状，最古老的墓葬建筑，恩加耶纳2号遗址（Ngayene-Ⅱ）的一个围着碎石的坟冢和西内—恩加耶纳的一个坟冢，可以分别追溯到公元前二千纪后半期和公元一千纪早期。因此，塞内冈比亚的巨石传统跨越了近三千年，从公元前1350年到公元1500年，似乎到公元16—17世纪才告终止。年代研究的新进展表明，巨石现象最早在萨卢姆河—冈比亚河走廊西侧出现，这再次印证了伦弗鲁提出的水纹理论。殖民活动或新丧葬方式应该是沿着河流在该地区的西部蔓延，然后激起的"涟漪"再从西部扩散到东部。人们用不同密度和规模的巨石墓地来标记领土,从而巩固他们的定居区域。

二 文化景观的结构:小宝伯隆河流域

我们所试图呈现的塞内冈比亚巨石景观的结构,其实是多次"定居位置选择决定"的积累效应。群落的分裂和合并、移入和迁出、人口的增长和减少、土地资源的开发,以及敌对、竞争、联盟和合作,无疑都介入了巨石圈景观的发展演变。我们所主要运用的人文地理学的空间分析工具(Chisholm,1979;Haggett,1973;Vita-Finzi & Higgs,1970)远远没有达到我们所希望的精确程度。然而,墓地的规模及其地理分布可以用来揭开面纱的一角。在小宝伯隆河流域收集的数据使我们能够了解文化景观的不同建构模式。小宝伯隆河是大宝伯隆河的一条小支流,而大宝伯隆河是冈比亚河最西的支流(图2.3)。小宝伯隆河集水区长35千米,宽度5—15千米不等,海拔高度20米到45米不等。

1. 小宝伯隆河流域的遗址分布

考古勘查在整个小宝伯隆河集水区开展(Holl & Bocoum,2017)。研究对象区域东西向长35千米,南北向长10—15千米。(考古队)对所有具有考古价值的遗址、巨石墓地、小村庄和巨石采石场都进行了考察记录和拍照(图2.3)。

三个墓地被列为深入调查对象。西内—恩加耶纳是一个占地50多公顷的墓地,其中数十个建筑被选中进行选择性挖掘。恩加耶纳2号遗址是一个占地1.75公顷的遗址,有42个墓地建筑,经过5次实地发掘,已经全部发掘完毕。最后,桑蒂乌—恩加耶纳是一个占地0.75公顷的墓

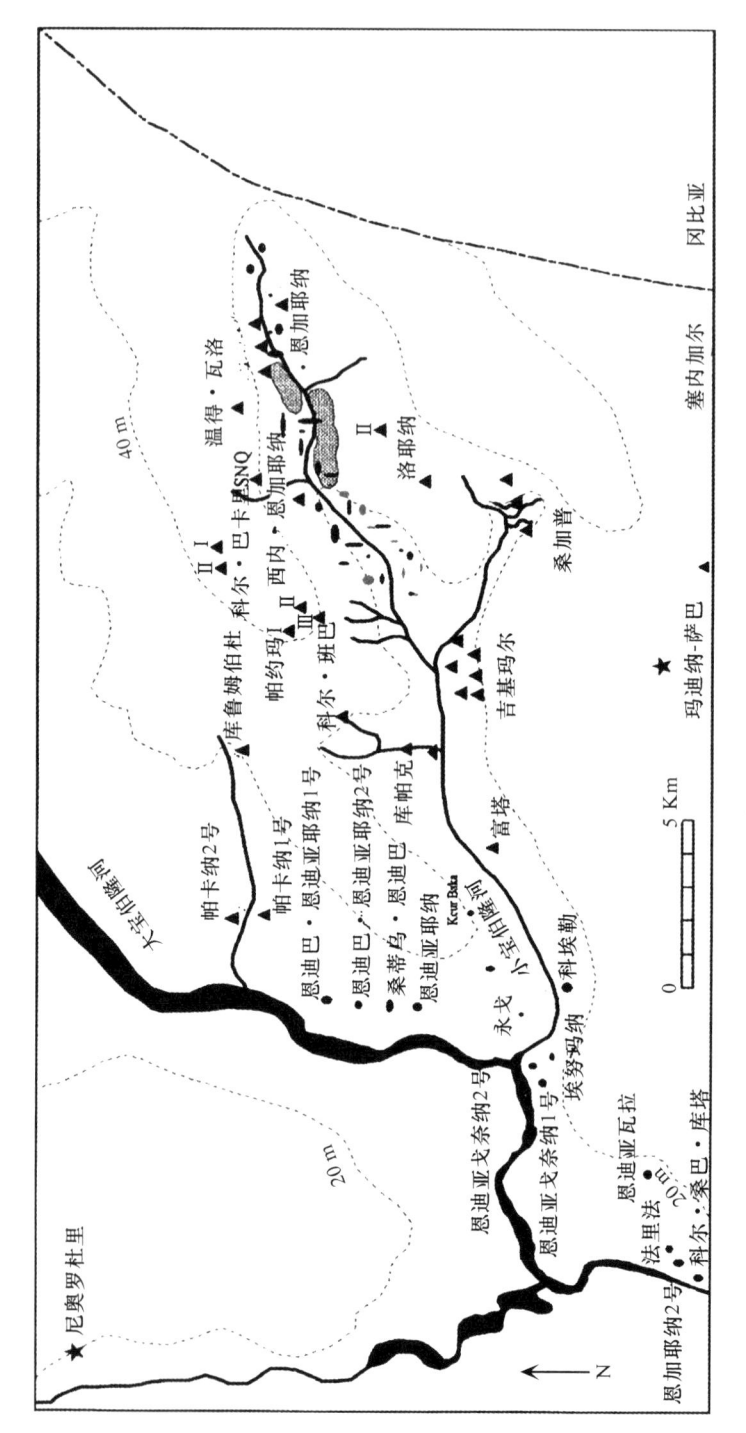

图2.3 小宝伯隆河流域巨石遗址的非加权分布

地，有18个建筑，部分已挖掘。本书介绍了11次考古挖掘所获得的部分有意义的结果。

所记录在册的遗址的空间分布呈现神秘而有趣的模式（图2.4）。最引人注目的是这些遗址构成了两个泾渭分明的次区域，每个次区域都包含界线分明的遗址群组。

2. 西部次区域

西部次区域沿大宝伯隆河延伸。20米等高线构成其东界线。它起自西南方向的科尔—桑巴—库塔（Keur Samba Kouta），止于东北方向的恩迪奥纳里河（Ndionari），长15千米，由四组遗址组成（图2.3）。

帕卡纳组（Pakane）包括四个遗址。它位于该次区域的东北端，处于大宝伯隆河的支流——恩迪奥纳里河（Ndionari）的沿岸。库鲁姆伯杜（Kouloumbodou）采石场位于其东面约5千米处，其余的遗址位于恩迪奥纳里河中游的南北两岸。总体看，它们都是小型墓地，每个墓地有1—4个建筑，主要是巨石圈和墓冢。

恩迪巴—恩迪亚耶纳（Ndiba-Ndiayene）组位于帕卡纳组向南5千米处。它由4个遗址组成，分布在从南到北2.5千米的范围内。恩迪巴—恩迪亚耶纳1号遗址是最大的墓地，有12个墓冢。其他3个遗址相对较小，各有1—2个墓穴。

恩迪埃纳（Ndiehene）组由9个遗址组成，沿小宝伯隆河绵延7千米，从与大宝伯隆河汇合处到富塔（Fouta）单墓冢墓地处。该组的范围为南北向3千米，东西向7千米。恩迪埃纳2号遗址位于小宝伯隆河和大宝伯隆河的汇合处及左岸，是一个巨大的墓群，有18个建筑。这一组最西边的巨石圈包括：埃努玛纳3号遗址（Ainoumane Ⅲ），这是只有一个建筑的小墓地；科尔—卡蒂姆—迪亚库—埃努玛纳（Keur Katim Diakhou

Ainoumane）遗址，这是一个有 11 个建筑的中型遗址。总体上，建筑数量从 18 个（恩迪亚耶纳 2 号遗址）到 1 个（埃努玛纳）不等，7 个小墓地分别有 1—3 个建筑。

第四组是科尔—桑巴—库塔组。它位于勘察区的西南端，沿冈比亚和塞内加尔边境，在大宝伯隆河洪泛区的左岸。冈比亚领土上未考察的区域不太可能有任何巨石墓地。根据目前的研究，这一组包括 5 个墓地，分别有 2—12 个墓冢。科尔—桑巴—库塔墓地位于大宝伯隆河左岸，规模较大，有 12 个分散的墓冢。其东北方向数千米外的法里法（Falifa）墓地规模中等，有 8 个建筑。科尔—卡蒂姆—迪亚库（Keur Katim Diakhou）、恩迪亚瓦拉（Ndiawara）和恩加耶纳 2 号遗址均为小型墓地，分别有 2—5 个墓冢。

西部次区域墓地群的空间分布是令人惊讶和不同凡响的。帕卡内组位于恩迪巴—恩迪亚耶纳 1 号遗址东北 5 千米处。恩迪埃纳组在恩迪巴—恩迪亚耶纳组的南部 6 千米处。而科尔—桑巴—库塔组又在恩迪亚耶纳 2 号遗址西南 6 千米处。因此可以判断，西部次区域由 4 个领土实体组成，每个领土实体覆盖直径为 5—6 千米的区域。

墓地的分布与自给自足的农耕群落的平原定居模式完美呼应（Chisholm，1979；Haggett，1973；Vita-Finzi & Higgs，1970），令人叹为观止。为了控制大宝伯隆河洪泛区盐滩、捕鱼区、牧场和农田，人们定居在了大宝伯隆河两岸。

3. 东部次区域

东部次区域是一个椭圆形空间，东西方向从库帕克（Koupack）到帕西—恩加耶纳（Passy-Ngayene）长约 15 千米，南北方向从科尔—巴卡里（Keur-Bakary）到桑加普（Sangap）长约 10 千米。区域内水系相对密集，海拔高度从 15—42 米不等。这部分考察区域中的遗址呈现更为丰富的考古结构，包括巨石圈、碎石圈、碎石冢、土冢、巨石采石场、民居和炼铁作坊。

东部次区域遗址有两种空间组织形式。第一种由该区域西部和南部的遗址群组成，包括六处遗址：库帕克（Koupak）、科尔—班巴（Keur Bamba）、吉基玛尔（Djiguimar）、帕约玛（Payoma）、科尔—巴卡里（Keur Bakari）、桑加普和洛耶纳（Loyene）（图2.4）。第二种分布在东部地区，包括西内—恩加耶纳遗址、恩加耶纳1号遗址、恩加耶纳2号遗址、桑蒂乌—恩加耶纳遗址和温得—瓦洛（Wind-Walo）等单人墓葬比例高的遗址。

这些集聚的遗址为年代不详的墓葬群。库帕克和科尔—班巴的墓地群位于东部次区域最西端小宝伯隆河的一条小支流两岸。库帕克有两个墓地，分别是库帕克南遗址和库帕克北遗址。库帕克南遗址有6个巨石圈，分布在大约1500平方米的区域。库帕克北遗址距其约1千米，有4个巨石圈，分布在450平方米的区域内。

科尔—班巴墓地群位于小宝伯隆河东支流的源头。它包括一个面积为0.5公顷的墓地，其中有巨石圈和土冢等17个墓葬建筑，一个小型的石磨盘遗址，以及两个巨石开采场。

吉基玛尔墓葬群包括三个遗址，位于两条河流的汇合处（图2.4）。除了一个例外，其他墓地都在高处，俯瞰着河床。吉基玛尔1号遗址占地1650平方米，包含五个巨石圈和一个未确认的建筑。吉基玛尔2号遗址由于与现在的村庄重合，损坏很大。三处建筑——一个巨石圈和两块孤立的巨石（可能是土冢前的墓碑），位于一个家庭单位中。第三个遗址，即吉基玛尔—乌斯曼——提亚姆（Djiguimar-Usman Thiam）遗址，只有一个巨石圈。

桑加普墓葬群位于小宝伯隆河主要支流的发源地。它也由三个遗址组成：一个大的石磨盘（图2.4），一个有两个巨石圈的小墓地，以及一个面积为3.67公顷、有11个土冢的大墓地。

洛耶纳墓葬群（图2.4）在桑加普遗址以北3千米处，包括两个相距1千米的墓地。一个占地1.12公顷，有12个墓葬建筑，包括1个巨石圈和11个土冢。另一个面积较大，占地3.75公顷，有10个墓葬建筑，包括9个土冢和1个碎石冢。

科尔—巴卡里墓葬群（图2.4）位于东部次区域的北部。它包括两个墓地。较大的一个面积为1.97公顷，有大约20个分散的墓葬建筑，包括3个巨石圈和17个土冢。较小的墓地更加紧凑，占地600平方米，有6个土冢和1个巨石圈。

帕约玛墓葬群位于北岸，靠近小宝伯隆河两条小支流的源头。它包括两处遗址，其中一个是帕约玛1号，由两个单元组成，面积分别为350平方米和2000平方米。较小的单元有一个巨石圈，较大的单元有3个土冢。帕约玛2号遗址与现在的村庄位置重合，因而严重受损。许多巨石被用作"长凳"，放置在清真寺前的公共活动区域。遗址总面积约2.16公顷，大致包括5个巨石圈和23个土冢。

单人墓葬比例比较高的墓地分布在小宝伯隆河流域东部，从西内—恩加耶纳延伸到桑蒂乌—恩加耶纳（图2.4）。西内—恩加耶纳墓地及其开采圆柱形巨石的采石场位于小宝伯隆河一条小支流的岸边。根据1920年（Jouenne，1918）和1950年（Mauny，1962）的测绘调查，那里有一个大墓地，在直径800米的圆形区域内有52个巨石圈和116个土冢，面积约为50.26公顷。它不仅是整个塞内冈比亚巨石圈区域最大的墓地，也是保存得最完好的墓地。

小宝伯隆河北岸的恩加耶纳2号遗址位于西内—恩加耶纳遗址以西5

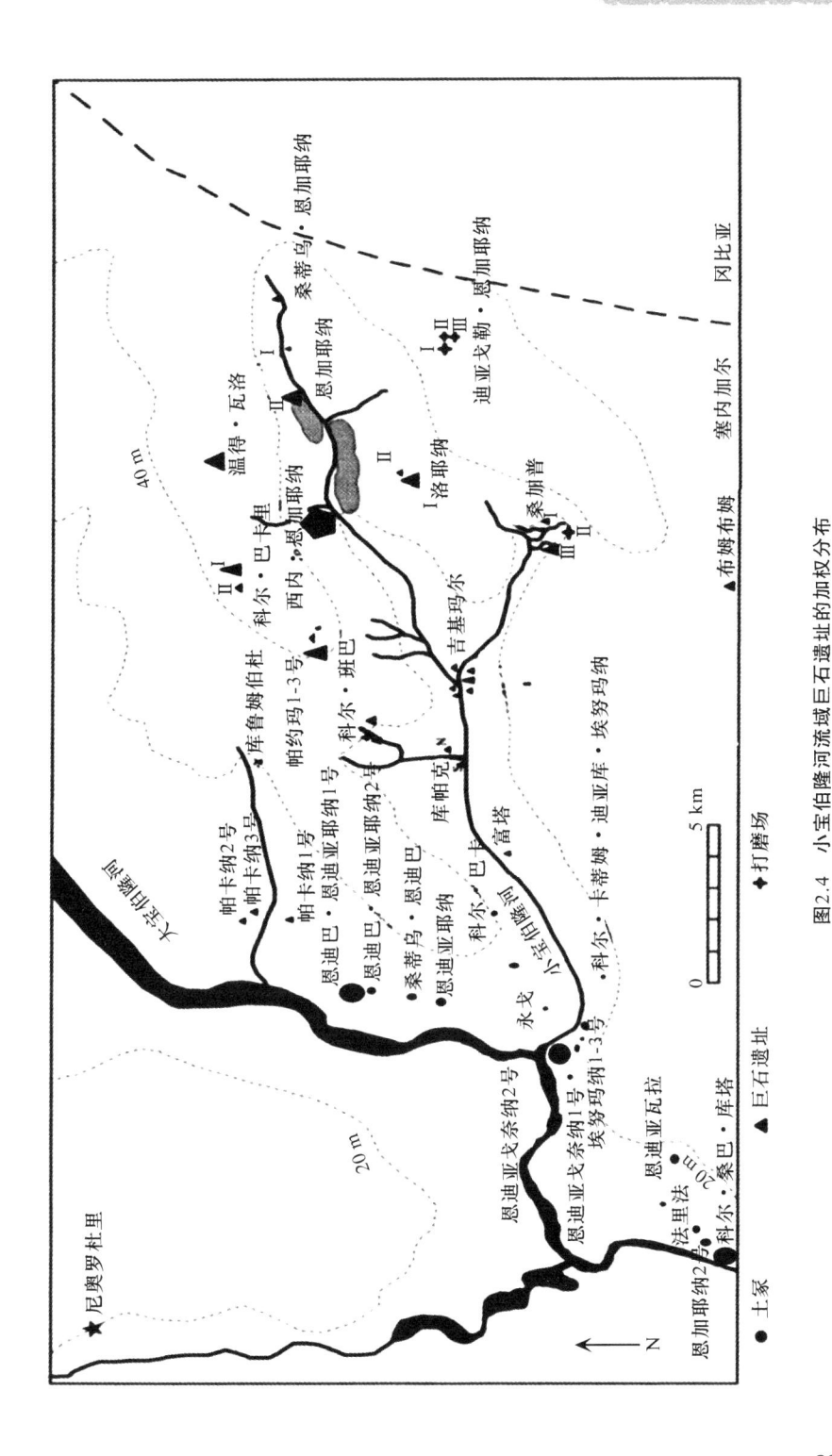

图2.4 小宝伯隆河流域巨石遗址的加权分布

千米处。它是一个占地1.75公顷的建筑群，包括42个墓葬建筑、南侧的一个居住区和一个炼铁作坊，东北方向约1千米处有两个巨石采石场。恩加耶纳2号遗址已经被完整地发掘，仅靠地面勘探完全无法探明的遗址空间组织得以呈现。被挖掘的建筑主要分为四类：6个巨石圈、2个碎石冢、9个土冢和25个碎石圈（图2.4）。

桑蒂乌—恩加耶纳是该区域最东边的墓地。它位于小宝伯隆河北岸，靠近源头。它的面积为3000平方米，有17处墓葬建筑，包括3个巨石圈和14个碎石圈，其中9个建筑已被挖掘。在恩加耶纳2号遗址和桑蒂乌—恩加耶纳遗址之间的恩加耶纳1号遗址是一个小型墓地，面积约为1000平方米，有6处建筑：2个巨石圈和4个土冢。

最后，位于西内—恩加耶纳和恩加耶纳2号以北4千米处的温得—瓦洛是一个墓葬建筑密集的墓地。它占地4400平方米，有27处建筑，包括6个巨石圈、8个碎石冢和13个碎石圈。

东部次区域的墓地布局揭示了一些有意思的事实。这些遗址分散在西部的库帕克和东部的桑蒂乌—恩加耶纳之间15千米范围内（图2.4）。非常值得注意的是，墓葬群中最大的墓地——西内—恩加耶纳墓地位于集水区的中心，距离两端正好7千米。仔细分析这些遗址的空间分布，可以发现存在两个子单元：一个在西部，另一个在东部。

西部子单元包括4个墓葬群遗址。桑加普和吉基玛尔墓葬群位于小宝伯隆河的南部支流沿岸。科尔—班巴和库帕克墓葬群位于西北小支流沿岸。整个子单元分布在以20米等高线为界的东西10千米和南北4千米的区域内。令人惊叹的是，科尔—班巴、库帕克和吉基玛尔墓葬群彼此间距离相等，均相距3千米。

东部子单元非常明显地以占地50公顷的西内—恩加耶纳墓葬群为中心布局。该墓葬群与周围帕约玛1号和2号、科尔—巴卡里1号和2号、温得—瓦洛、恩加耶纳2号、洛耶纳1号和2号等所有其他相邻墓葬群的距离，始终在4—5千米波动。同样值得注意的是，相邻墓葬群之间的距离也在3千米左右波动，只有洛耶纳1号、2号和帕约玛1号、2号墓葬群之间相距5千米。东部次单元诸墓葬群如众星拱月般围绕西内—恩加耶纳墓葬群分布，这是极其明显的。但这意味着什么呢？

对此有几种假说。根据其中一种假说，从时间顺序看，外围墓地可以被视为大型中央墓地的后期延伸。这一假设意味着西内—恩加耶纳墓葬群最早建成，同时代的其他墓葬群随之出现，这在考古学上是可以验证的。另一个假说则反向而行，认为小宝伯隆河流域数个巨石墓葬群开始建造后，随着时间的推移，西内—恩加耶纳墓葬群得到更多重视，因而领先于其他墓葬群迅速发展，独特的丧葬仪式则进一步加强了其象征性的主导地位。这一假说在考古学上也是可以验证的。在本书关于塞内冈比亚巨石圈的讨论中，我们将对这些假说进行评估。

综上所述，在小宝伯隆河流域已经发现了56个墓地和145个村庄定居点。从遗址等级看，共包括：1个一级遗址——西内—恩加耶纳，面积为50.25公顷；8个二级遗址，分别为恩加耶纳2号、科尔—巴卡里、洛耶纳1号和2号、帕约玛2号、桑加普3号、恩迪巴—恩迪亚耶纳1号、恩迪亚耶纳2号和科尔—桑巴—库塔，面积分别为3.75—1.12公顷不等；8个三级遗址：吉基玛尔1号、科尔—班巴、库帕克、桑蒂乌—恩加耶纳、帕约玛1号、温得—瓦洛、埃努玛纳3号和法里法遗址，面积分别为1500—5600平方米不等；36个面积为1000平方米或以下的四级遗址。

通过对已发现的墓葬群区域分布进行初步分析，可以看出在该区域存在小村庄形式的当地社会单元。大墓葬群居中，小墓葬群围绕在其周边，这表明此处存在着自治群落，他们从事农业和畜牧业的混合经济，并辅以渔业、狩猎和采集。

令人遗憾的是，小宝伯隆河整个35千米的集水区尚未得到全面而细致的勘察。对居住区的研究只在研究对象区域的东部地区进行。系统调查显示，墓地一般位于高地上，民居和专业作坊位于山坡和低地，采石场或沿悬崖而建，或建在与小宝伯隆河谷接壤的红土地带。

目前已经发现了六个考古学上的连贯单元。其中，帕卡纳、恩迪巴—恩迪亚耶纳、恩迪亚耶纳和科尔—桑巴—库塔这四个墓葬群属于西部组，即土冢区。东部组包括西部次区域的桑加普、科尔—班巴墓葬群和东部次区域的西内—恩加耶纳墓葬群。塞内冈比亚巨石景观是由当地居民数百万次的位置决策累积而成。通过对景观（墓地）定位点的分析，可以更深入地探讨从公元前1400年到公元1500年这一时间跨度上小宝伯隆河集水区文化景观的构成。

第三章 一级遗址：西内—恩加耶纳墓葬群

西内—恩加耶纳的巨石墓地是一个集合了巨石圈和土冢的墓葬群。它位于小宝伯隆河一条小支流的北岸，离河约1千米，在西内双子村的北翼。茹埃纳（Jouenne，1918）和莫尼（Mauny，1960）在20世纪上半叶进行的考察显示，该遗址有52个巨石圈和116个土冢。除了位于墓地东北端的52号建筑，土冢均位于巨石圈的外围。根据这些老地图，最早的墓地大致呈圆形，直径约为800米（图3.1）。这一系列巨石圈确定了墓地呈西北—东南走向的中轴线。经过数世纪的农牧业活动，土冢已经被夷为平地，原本50.26公顷的墓地已被逐步缩小为一系列巨石圈。

在塞内冈比亚的所有巨石遗址中，西内—恩加耶纳墓地的巨石圈是保存最为完好的。它们虽然也受到一些破坏，但相对来说受损比较微小。

如果我们首先只关注巨石圈的空间组织，我们可以看到其结构是两条相交的对角线。其中一条为西南—东北走向，将1号或20号建筑与位于其东北方向150米处的52号建筑相连。另一条是西北—东南走向，连接2号和48号建筑。两条对角线的交会点就在西内27号建筑的南侧。西内27号是遗址中唯一的双石圈建筑，因此似乎是整个墓地的重心所在。

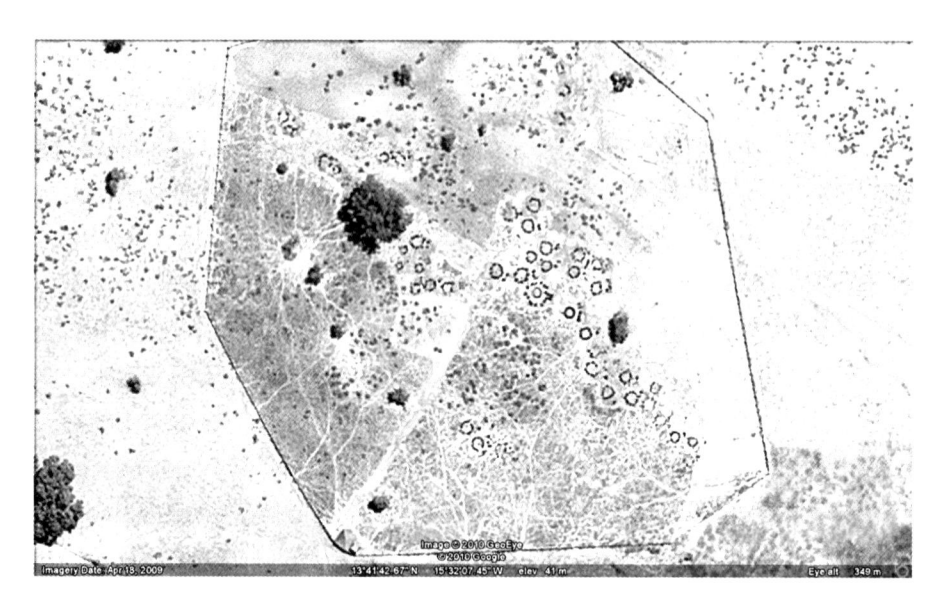

图3.1 联合国教科文组织世界遗产西内—恩加耶纳遗址航拍图

一 西内—恩加耶纳墓地的空间组织

20世纪初，茹埃纳博士对西内—恩加耶纳墓地进行了第一次测绘。在此过程中，他对墓地的空间组织进行了生动的描述。"该建筑群的形状是以国王的坟墓为中心的圣安德鲁十字形，即双环石圈……50座墓冢，即50个巨石圈，连贯排列，延续250米，分为三组，一个前组，一个中组，一个由16座坟墓组成的后组；另有南北两个侧组，每组有3个建筑，在过渡空间还有一片小巨石场。"（Jouenne，1918）

第三章 一级遗址：西内—恩加耶纳墓葬群

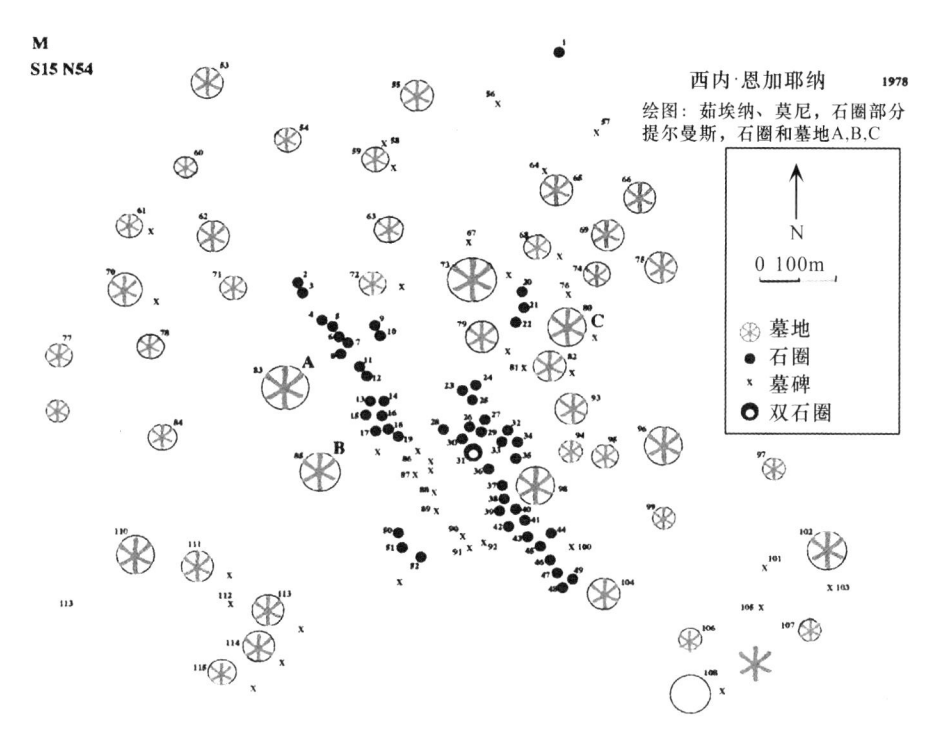

图 3.2 莫尼于 1956 年勘查绘制的西内—恩加耶纳遗址

[图片来源：黑非洲基础研究所（IFAN）档案]

除了位于东北偏北 150 米处的 52 号建筑外，所有的巨石圈都被组织成一个西北—东南方向的 Y 形图案，辅以 3 个相对偏南的建筑（图 3.3）。这些建筑分布在大约 2 公顷的范围内，南北长 200 米，东西长 100 米。西南组由 3 座建筑组成，呈南北线性排列。东南组南北走向，轴线略曲，包含 14 个巨石圈（31—45 号建筑）。西北组包括 1—18 号建筑，走向为西北—东南。最后，在东北、西北和东南组交汇的中央组，有 13 处建筑，包括西内 27 号双圈建筑。

通过对建筑的空间分布进行更详细的分析，可以发现这些建筑另一种层次的聚集方式。"最近相邻分析"（nearest neighbor analysis）表明，这些建筑被分成了界限明确的子集（表 3.1）。

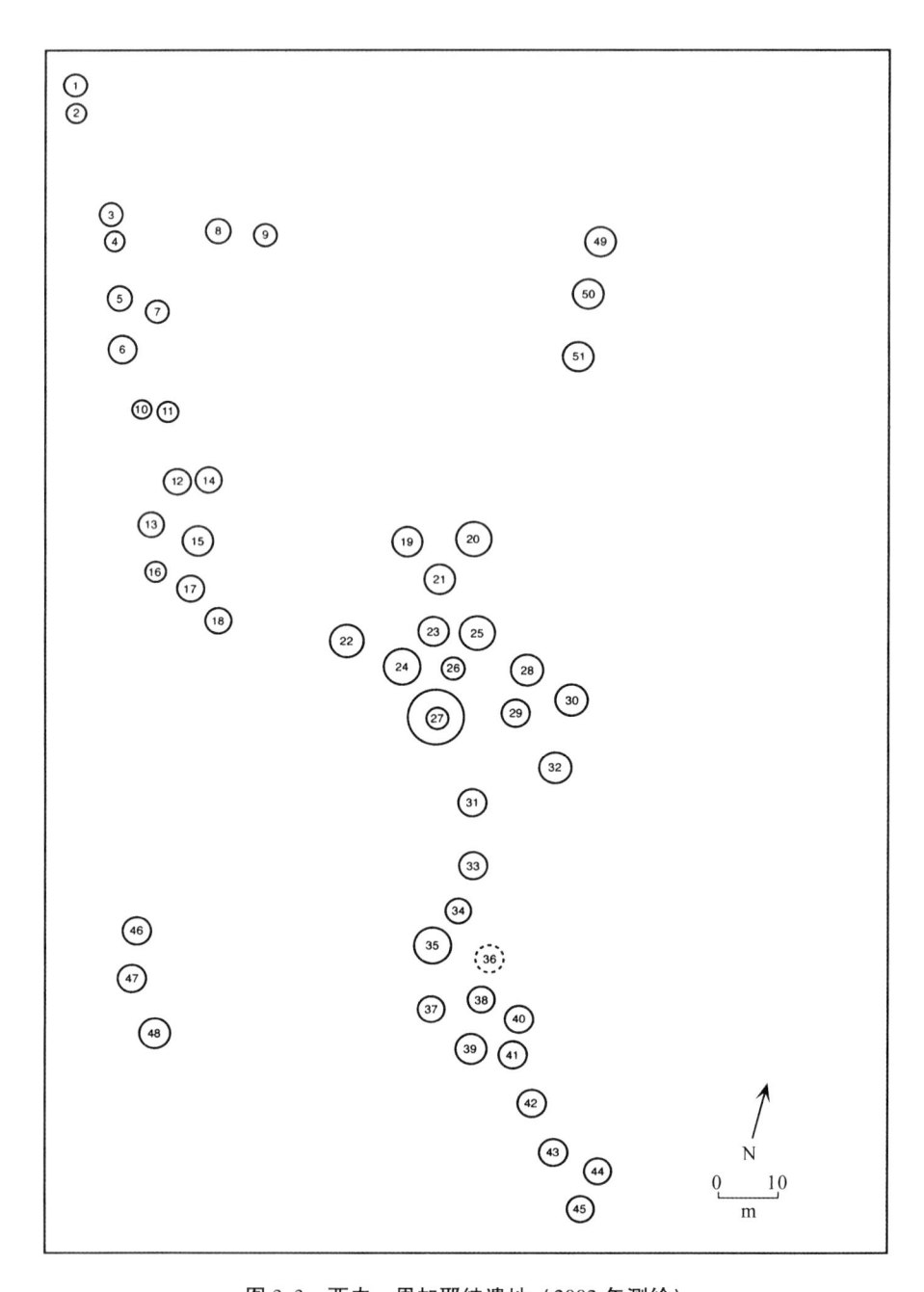

图 3.3 西内—恩加耶纳遗址（2002 年测绘）

第三章 一级遗址：西内—恩加耶纳墓葬群

表 3.1　　　　　　　　西内—恩加耶纳建筑群组

群编号	直径（米）	石块数量	墓碑数量
第 1 组			
46	5.0	15	2
47	5.0	20	5
48	4.7	12	2
第 2 组			
43	4.35	19	5
44	3.7	16	3
45	4.0	21	4
第 3 组			
37	5.0	12	1
38	5.0	25	4
39	5.0	13	3
40	4.0	18	1
41	5.0	36	3
42	4.5	22	7
第 4 组			
33	4.75	15	3
34	4.30	20	4
35	5.70	15	1
第 5 组			
28	4.75	25	5
29	4.75	22	4
30	4.50	22	9
32	4.75	13	5
第 6 组			
23	4.5	11	1
24	6.0	14	3

续表

群编号	直径（米）	石块数量	墓碑数量
25	5.75	19	2
26	4.5	14	2
第7组			
19	5.0	13	1
20	5.0	13	1
21	5.0	16	2
第8组			
49	3.50	15	4
50	4.50	20	2
51	4.50	23	2
第9组			
12	3.00	12	2
13	3.50	22	2
14	4.75	14	3
15	3.75	17	6
16	4.00	20	7
17	4.00	20	5
18	4.00	21	5
第10组			
10	2.75（?）	13（?）	3
11	3.50	21	3
第11组			
6	5.00	32	10
7	2.80	15	1
第12组			
3	4.50	23	2
4	3.00	20	1
5	4.50	22	2

续表

群编号	直径（米）	石块数量	墓碑数量
第13组			
8	3.00	15	1
9	5.00	19	3
第14组			
1	4.75	15	2
2	4.75	15	2

1. 西南轴线

西南轴线只有1个组，即第1组，共3个建筑，分别是46号、47号和48号，位于墓地的南部，在中央集中区以西55米（图3.3）。这些建筑呈南北线性排列，相距7—9米。

位于该组北端的46号建筑直径为5米。它由15块方形截面的超大圆角巨石建成，另外还有2块墓碑（表3.1）。除有两块破碎外，其余巨石均保存完好。巨石地面以上高度从0.85米至1.32米不等，17块巨石中有12块地面以上高度在0.85—0.95米不等。巨石宽度区间为0.30—0.60米，厚度区间为0.25—0.50米。巨石之间的间距不一，0.25米至0.70米不等。

47号建筑位于本组队列的中心，直径也是5米。它包括20多块巨大的方形巨石，以及5块墓碑。有两块巨石已经裂开，但保护状况很好。环形摆放的巨石相互之间非常接近。墓碑位于东侧2.5米处，分为两组，每组2—3块石头。它们通常更大、更高，高度区间为0.78—1.53米，宽度区间为0.45—0.84米，厚度区间为0.44—0.80米。

第48号遗址位于本组的南端。它已严重损坏，直径为4.7米。2块墓碑已经坍塌和断裂，构成石圈的12块巨石中6块已经支离破碎。巨石间距区间为 0.50—1.20 米。巨石的高度区间为 0.8—1.1 米，宽度区间为 0.5—0.6 米，厚度区间为 0.35—0.55 米。已经倒塌的 2 块墓碑在巨石圈东面 2.5 米处，长度分别为 1.6 米和 1.9 米，宽度和厚度均为 0.65 米。

综上，第 1 组遗址有 3 个直径为 4.7—5 米的巨石圈，巨石圈东侧 2.5 米处有 2—5 块墓碑。

2. 东南轴线

东南轴线由 14 处建筑组成，分为 3 组，每组 3—6 个建筑。位于轴线北端的 31 号建筑相对孤立（图 3.3）。

第 2 组位于墓地的东南端。它包括 3 座墓冢——43 号、44 号和 45 号，呈三角形排列，彼此间距为 7.1—7.5 米（表 3.1）。

北面的 43 号建筑直径为 4.35 米。它由 19 块巨石组成，东侧有 5 块墓碑。墓碑南北走向延伸 4 米，其中 2 块已碎裂。巨石地面以上高度为 1.07—1.64 米，宽度为 0.34—0.55 米，厚度为 0.34—0.46 米。构成石圈的 19 块巨石中有 2 块已经破碎，其余仍在原地的 17 块巨石的地面以上高度区间 0.82—1.05 米，宽度区间 0.28—0.43 米，厚度区间 0.29—0.40 米。

44 号建筑位于三角形的顶部。它是一个直径为 3.7 米的圆形，包含 16 块巨石和 3 块墓碑。这座建筑中的大多数巨石都很细长，有一个 D 形截面。除了一个例外，巨石的间距基本均等，在 0.25—0.30 米。石圈中有 2 块巨石已经破碎，另有 1 块倒塌。其余巨石的地面以上高度为 0.90—1.09 米，宽度 0.27—0.41 米，厚度 0.25—0.37 米。一块墓碑只余一个短桩。另外 2 块墓碑高度分别为 1.19 米和 1.21 米，宽度分别为 0.37 米和 0.43 米，厚度分别为 0.35 米和 0.37 米，其中一块已倒塌。

第 45 号建筑位于南端，受损非常严重。石圈南半部的所有巨石都已坍塌，北半部的巨石也都碎成数块。圈内的 21 块巨石和 4 块墓碑都是圆柱形的，薄而细长。保存得最好的巨石长度为 1.16—1.63 米，宽度 0.22—0.44 米，厚度 0.25—0.43 米。所有墓碑都已倒塌，它们总体上要更长更厚。

第 3 组在第 2 组的北面。它由 6 个建筑组成：37 号、38 号、39 号、40 号、41 号和 42 号（表 3.1）。37—41 号巨石圈呈圆形排列，42 号建筑某种意义上是它们在南侧的附属建筑。相邻建筑之间的距离从 6 米到 9 米不等。本组的几何中心显然是 39 号建筑（图 3.3）。这一布局中包括两个等腰三角形：西边是 37 号、38 号和 39 号，东边是 39 号、40 号和 41 号。西边三角形的底边，即 38 号、39 号之间的长度，为 8 米；两腰，即 37 号和 38 号、37 号和 39 号之间的长度，为 9 米。东部三角形的底边，即 39 号、40 号建筑之间距离，为 9 米；两腰，即 39 号和 41 号、40 号和 41 号之间距离，为 6 米。

第 3 组遗址使用了两种不同的巨石。一方面，石圈直径为 4—5 米的 37 号、39 号和 40 号由 1—3 块墓碑和 12—18 块具有方形截面和圆角的巨大石块组成（表 3.1）。另一方面，38 号、41 号和 42 号建筑的直径为 4.5—5 米，有 4—7 个墓碑，由 22—36 个圆柱形、薄而长的石碑组成。后者较为脆弱，一般都碎成了两截或多块（图 3.3）。

第 4 组在第 3 组的北面，有 3 或 4 个建筑（表 3.1）。第 4 个（可能也是一个墓冢），即 36 号，损毁非常严重，只剩下 2 块破碎的巨石。其他三处，即 33 号、34 号和 35 号，呈南北线性排列，间距 6—7 米不等。

33 号和 35 号建筑直径分别为 4.75 米和 5.70 米，均由 15 块巨石构成石圈，分别有 3 块和 1 块墓碑。35 号的墓碑让人印象深刻，其地面以上高 1.31 米，宽 1.09 米，厚 1.02 米。

位于本组中心的 34 号建筑直径为 4.30 米。它由大约 20 块圆柱形和细长形的巨石组成，另有 4 块坍塌和破碎的墓碑。东半部的 6 块巨石碎成 2—3 块。最后，位于 35 号建筑以东 7 米的 36 号建筑因损毁严重已经无法复原。

31 号建筑相对孤立。它和 33 号相距 10 多米，在 32 号建筑西南 14.50 米处，在西内 27 号双圈建筑东南 14.80 米处（图 3.3）。这是一个直径为 4.5 米的巨石圈，有 14 块巨石和 4 块巨大的、保存相对完好的墓碑。正如其中一块虽坍塌但完好的巨石所示，圈内巨石长度约为 1.5 米。巨石地面以上高度从 0.88 米到 0.99 米不等，表明巨石埋在地下的部分约占 1/3。

墓碑位于建筑东侧，很明显被组织成相隔 2.5 米的两个部分。北侧两个墓碑已坍塌，其中一个长 1.97 米。南侧两个墓碑高度分别为 1.31 米和 1.41 米，均宽 0.92 米，厚度分别为 0.83 米和 0.84 米。

3. 中央集聚区

中央集聚区由 13 个建筑组成，分为 3 组，每组 3—4 个建筑。22 号建筑和 27 号双圈位于这个中心组附近。

第 5 组包括 4 个建筑，即 28 号、29 号、30 号和 32 号，位于中央集聚区的东部（图 3.3，表 3.1）。它们呈菱形排列，间距从 6.70 米（28 号与 29 号之间）到 10.90 米（29 号与 32 号之间）不等。事实上，组内 28 号、29 号和 30 号建筑之间的关联更为密切和一致，它们与 32 号建筑的关联则松散得多。正如前文介绍的 31 号建筑的情况一样，后者很可能是一个相对独立和孤立的结构。

28 号、29 号和 30 号建筑具有相同的普遍特征：直径为 4.5—4.75 米，由 22—25 块细长的圆柱形石块和 4—9 块墓碑建成。然而，不同建筑的完好程度差别很大。28 号建筑的 12 块巨石，29 号的 8 块巨石和 30 号的 14 块巨石都已碎裂坍塌。

32 号建筑距 29 号和 30 号建筑分别为 9.30 米和 10.90 米，其石圈直径为 4.75 米。它由 13 块方形巨石组成，巨石地面以上高度从 0.86 米到 1.42 米不等。除了 1 块墓碑外，其他墓碑均已倒塌。唯一仍矗立的墓碑地面以上高度为 1.28 米，宽度为 0.74 米，厚度为 0.73 米。4 块倒塌的墓碑厚度 0.30—0.63 米，宽度 0.40—0.72 米，长度 1.66—1.90 米。

第 6 组位于 27 号双圈建筑的北侧（图 3.3，表 3.1）。它由 4 处建筑组成，分别是 23 号、24 号、25 号和 26 号，呈菱形排列，建筑间距从 6.75 米（25 号至 26 号）到 8.20 米（23 号至 24 号）不等。它们是用正方形和矩形截面的巨石建造而成，石圈直径为 4.5—6 米不等。各个圈子的巨石数量从 11—19 块不等，墓碑 1—3 块。25 号和 26 号建筑颇具特色。前者在其圆环的南半部交替排列圆柱形和正方形或矩形的巨石。该建筑还被一条西南—东北向轴线分为两个对称的部分，相连成轴线的是两个圆柱形或近似圆柱形的小型巨石，其表面有凸起。由此产生的对称分区显然是有意为之。

第 7 组有 3 个建筑，分别是 19 号、20 号和 21 号。它位于第 6 组以北约 15 米处。这 3 处建筑排列成三角形，边长分别为 10 米（19 号至 20 号）、8.2 米（20 号至 21 号）和 8 米（21 号至 19 号）。19 号位于西北角，石圈直径为 5 米，由 13 个正方形或矩形的巨石组成，巨石地面以上高度为 0.54—1.28 米不等。唯一的墓碑裂成两半，高 1.29 米。

20 号建筑由 13 块巨石组成，石圈直径 5 米，位于本组的东北角，与 19 号和 21 号具有相同特点。巨石高度区间为 0.82—1.02 米，宽度区间为 0.45—0.65 米，厚度区间为 0.35—0.55 米。坍塌的墓碑为圆柱形细长巨石，长 1.50 米，直径 0.50 米。

本组最后一个建筑——21 号位于南端。石圈直径为 5 米，共有 16 块巨石和 2 块巨大的墓碑，横截面为正方形或矩形。构成石圈的巨石平均长度小于该组其他建筑的巨石，其地面以上高度为 0.66—0.83 米不等。高度为 1 米和 1.2 米的墓碑被放置在圆环以东 1.75—2 米处，彼此间距为 0.30 米。

建筑特点、巨石的选择和尺寸大小呈现了一种"家族"气息，暗示着这三座建筑之间的联系。它们所用的石块很可能来自同一采石场，其建造者是具有家族或联盟关系的社会群体。

22 号建筑位于中央聚集区的西侧，似乎不属于任何组别。它由 16 块巨石和 2 块墓碑组成。2 块墓碑和巨石中的 12 块都是庞然大物，截面呈正方形或矩形。剩下的 4 块巨石呈圆柱形或长条形，穿插在石圈的西半环。巨石的高度为 0.75—1.45 米不等，宽度为 0.40—1.05 米不等，厚度为 0.30—0.70 米不等。

综上，中央聚集区由三组墓葬群组成，每组 3—4 个建筑，外加 2 个作为补充的建筑，即南面的西内 27 号双圈和西面的 22 号建筑。横截面为正方形或矩形的巨石在这个墓地区域中占主导地位。

4. 东北方向轴线

东北方向轴线从中部的 51 号起到东北部的 52 号止。52 号距离 49 号 135 米（图 3.3）。因此，这条轴线上的建筑可归为三组，52 号在其外围，已经被完全挖掘出来，后文将详细介绍。

第 8 组建筑沿南北轴线排列，建筑间距为 8.30—10.90 米不等（表 3.1）。49 号位于北端，石圈直径为 3.5 米。它由 15 块细长的圆柱形石块和 4 块墓碑组成。圈内的 9 块巨石已经坍塌，断成 2—3 块。依然矗立的巨石地面以上高度 1.06—1.20 米，直径 0.23—0.40 米。49 号的墓碑异常小，高度 0.14—0.65 米，直径 0.25—0.40 米。

50 号位于本组的中心，石圈直径为 4.5 米，由 20 块细长的巨石组成，横截面各不相同，包括方形、椭圆形和圆形。圈内有 8 块巨石已经倒塌或断裂，依然矗立的巨石高度为 0.80—1.33 米，宽度和厚度为 0.28—0.46 米。2 块坍塌的墓碑长度分别为 1.25 米和 1.33 米，直径分别为 0.30 米和 0.40 米。

最后，位于东南端的 51 号建筑损毁严重。其石圈直径为 4.5 米，有 23 块巨石，辅以 2 块墓碑。13 块巨石已经破碎或倒塌，东南部和西部的巨石风化尤其严重。依然矗立的巨石高 0.80—1.35 米，宽度和厚度为 0.25—0.40 米。

总之，第 8 组的建筑有一些共同的特点。它们的石圈由 15—23 块不同截面的细长石块和 2—4 块墓碑组成，所用的石块可能来自同一个采石场。

5. 西北轴线

西北轴线由 18 个建筑组成，分为 6 组，每组 2—7 个建筑。所有建筑都是用圆柱形和细长形的巨石建造。由于它们的形状，这类巨石更加脆弱，容易在基岩出现微小裂缝后断裂。

第 9 组位于轴线的东南端。它由 7 座建筑组成，呈新月形排列（图 3.3，表 3.1）。中心位置的 15 号在其东半部，被另外 5 个石圈包围，这 5 个石圈之间的距离从 8.15 米（15 号和 16 号之间）到 10.20 米（14 号与 15 号之间）不等。18 号在 17 号的东南方 6.55 米，略微偏置。建筑的几何图形布局是显而易见的，但现阶段研究尚无法解释其含义。

第 9 组石圈直径为 3—4.75 米，12 号石圈最小，14 号石圈最大。它们分别由 12—22 块细圆柱形巨石构成，另外各自有 2—7 块墓碑。各建筑保存状况有很大的不同。但总的来说，绝大多数巨石仍然矗立。它们的地面以上高度为 0.80—1.45 米，直径为 0.20—0.40 米。

位于该组南部的 16 号、17 号和 18 号建筑十分相似。它们的直径为 4 米，由 20—21 块巨石和 5—7 块墓碑组成。处于中心位置的 15 号建筑因其相对较多的墓碑而与众不同，石圈有巨石 17 块，而墓碑多达 6 块。最后，即使它们大小不同，12 号和 14 号建筑在该组的北面形成了一对，并且按比例包含几乎相同的元素，分别有 12 块和 14 块巨石、2 块和 3 块墓碑。

第 10 组由 2 个建筑组成，即 10 号和 11 号，位于第 9 组以北 11 米处（图 3.3，表 3.1）。这两个相对较小的石圈被一棵大树严重损坏了。10 号建筑的许多巨石被连根拔起，拱出地面，断裂或嵌入树根中。整个建筑的东半部分被完全摧毁，所有巨石都断成几截。原本位于石圈东面的 3 块墓碑，已被移至北侧。根据残余巨石底部的位置，10 号石圈的直径应该是 2.75 米，由 13 块细圆柱形石块和 3 块墓碑组成。

位于大树东侧的 11 号建筑也被破坏得非常严重。建筑西侧部分的 1/3 被毁，但剩下的 1/3 保存得相对较好。石圈直径为 3.50 米，有 21 块细圆柱形的巨石和 3 块墓碑。半数巨石不是坍塌就是断成了 2 块或 3 块。完整矗立的巨石地面以上高度为 0.80—1.50 米，直径为 0.20—0.40 米。

尽管大树造成了严重的干扰，但 10 号和 11 号这两座建筑很有特点，它们是整个西内—恩加耶纳巨石墓地中记录在册的最小的石圈，具有相同的建筑特征。

第 11 组包括 2 座建筑，6 号和 7 号，位于西北轴线的中心（图 3.3，表 3.1），相距 6.20 米。南面的 6 号石圈直径为 5 米，由 32 块细长的圆柱形巨石组成，其中 19 块不是坍塌就是碎成了多块。墓碑非常精致，有 10 块，排成南北方向的平行的两列。完整或仍然矗立的巨石长度和高度为 0.80—1.62 米，直径为 0.20—0.40 米。

北面的 7 号要小得多，保存状况较差。石圈直径为 2.8 米，由 15 块细圆柱形石块构成，其中 10 块已经破碎或倒塌。墓碑断成两块，其高度为 1 米，直径为 0.30 米。

第 11 组再往西北是第 12 组，有 3 座建筑，即 3 号、4 号和 5 号。它们沿西北—东南轴线排列，大致等距，彼此相隔 5.45 米（3 号与 5 号之间）和 5.50 米（3 号与 4 号之间）（图 3.3，表 3.1）。

3 号位于该组西北端。它是一个直径 4.5 米的石圈，由 23 块圆柱形巨石和 2 块墓碑组成。无论倒塌还是依然矗立的巨石，高度和长度区间均为 0.80—1.50 米，直径为 0.20—0.50 米。

位于中心的 4 号则要小得多。它由大约 20 块巨石和 1 块墓碑组成，石圈直径为 3 米。石圈的 9 块巨石和墓碑不是坍塌就是断裂。完整的巨石长度为 0.90—1.35 米，直径为 0.20—0.35 米。

位于东南端的 5 号与 3 号相似。它由 22 块圆柱形巨石和 2 块墓碑组成，石圈直径为 4.5 米。

第 13 组由 8 号和 9 号 2 座建筑组成，彼此相距 6 米（图 3.3，表 3.1）。它位于第 12 组以东约 15 米处。8 号相对较小，损坏严重。其西半部的所有巨石都已倒塌。石圈直径为 3 米，由 1 块墓碑和 15 块巨石组成，巨石的截面为方形，打磨成圆角。巨石长度为 0.87—1.20 米，宽度为 0.28—0.33 米，厚度为 0.25—0.32 米。

9 号石圈直径为 5 米。它由 19 块巨石和 3 块墓碑组成。墓碑因其尺寸相对较大而引人注目，其长度为 1.45—1.72 米，直径为 0.40—0.50 米。石圈中完整的石块地面以上高度为 0.70—1.05 米，宽度为 0.25—0.40 米，厚度为 0.25—0.40 米。

第 14 组也包括 2 座建筑，即 1 号和 2 号，位于墓地的西北端（图 3.3，表 3.1）。1 号保存较为完好，石圈直径为 4.75 米。它有 15 块圆柱形的巨石和 2 块倒塌的墓碑。巨石高度为 0.70—1.20 米，直径为 0.25—0.40 米。

2 号大体与 1 号相同。石圈直径为 4.75 米，由 15 块巨石和 2 块墓碑组成。其西半部分严重损坏，只有一块巨石仍然屹立。墓碑尺寸均较大，高度为 1.30—1.60 米，直径为 0.42—0.45 米。圈内完整的巨石高度为 0.80—1.30 米，宽度为 0.25—0.45 米，厚度为 0.20—0.45 米。

总之，除了少数例外，西内—恩加耶纳的巨石圈是以 2—6 个石圈为一组的方式组织的。有些组具有相同的建筑特征，另一些则更加多样化。墓地的空间组织形式是比较明显的，但其含义尚不易阐明，除非进行系统的挖掘。

二 西内—恩加耶纳墓地的挖掘工作

20 世纪 70 年代，西内—恩加耶纳墓地的 3 个巨石圈被发掘（Thilmans et al., 1980）。它们位于墓地的中央位置，石圈平均直径为 3—3.5 米。25 号建筑有 19 块巨石和 2 块墓碑，28 号建筑有 25 块巨石和 5 块墓碑，32 号建筑有 13 块巨石和 5 块墓碑。三者均为二次合葬墓，根据头骨的数量，埋葬人数分别为 10 个（32 号）、25 个（28 号）和 56 个（25 号）。3 个墓葬建筑中所呈现的物质文化要素有很大差异。但总体而言，物品主要包括出现数量不一的陶罐、铁制和铜合金装饰品以及铁制匕首和矛头等。根据 25 号采集的木炭样本，可以确定该墓地的年代为公元 1050 年前后。出土的遗址中堆积的人骨非常难以分辨，令研究人员颇为挠头。提尔曼斯等人（Thilmans et al., 1980: 28—71）认为，3 个石圈发现的人类遗骸揭示了最初的埋葬方式，正如哈密（Hamy, 1904:

568）在简要描述塞内加尔海岸法迪乌（Fadiouth）谢列尔人埋葬方式时所说的那样："每个家庭都有自己的墓穴，是在贝丘或土冢中安放的一个草臼。当一位亲属去世时，合葬墓穴会被打开以埋葬遗体。人们为逝者献上奶制的祭奠品，并在树脚下为他放置装满食物的瓶罐。"（Hamy，1904：568）

根据这种解读，10个、25个甚至56个逝者曾被埋葬在被开掘的遗址中，但埋葬次序不详。他们是先后被埋葬的吗？抑或是由于灾难或流行病的暴发而成群集中下葬？上述学者并未追根究底，仅暗示是同时下葬的。

已发表的数据还远远不够精确和严谨。然而它们确实表明，在这3座遗址中发现的人类遗骸层层叠加，其中大部分没有解剖学联系。二次埋葬的做法被忽视了。二次埋葬是指人们在尸体完全腐烂后收集死者的骨头并重新埋葬，某些长骨的有意堆积、头骨的集中和解剖部位的随机组合可以佐证这一点。恩加耶纳2号遗址28号中有2米厚的骨堆，其中包含在不同深度和位置发现的56个头骨，说明这里发生的不是56次先后进行的埋葬行为。事实上，在人骨堆东侧还安放着一个狗头（Thilmans et al.，1980：64），这种做法在其他遗址也被发现，主要是姆博洛普—托贝（Gallay et al.，1982）和恩加耶纳2号遗址。在20世纪70年代发掘的这3个巨石圈中，部分为一次埋葬，但绝大多数是二次埋葬。

空间分析为理解文化结构空间的建构提供了路径。我们注意到，从土冢的整体分布看，在墓地的南侧留有一块空地。这块空白与位于中央的西内27号双圈遗址相邻，西内27号在墓地布局中必然扮演着重要角色。基于这些原因，2002年开始的新的发掘工作主要集中于西内27号、东北部外围的52号、两个中央土冢和中央空地的一部分，目的是研究这个大型墓葬群的深层次机理。

1. 西内 27 号双圈遗址

西内 27 号双圈遗址由两个同心圆巨石圈组成（图 3.4）。内圈直径为 3 米，由 15 个地面高度 0.40—0.50 米的圆柱形小型巨石构成，石间距离 0.20—0.30 米。外圈直径为 9.50 米，由 18 块截面为正方形的圆角大型巨石构成，石间距离 0.40—1 米，地面以上高度为 1—1.30 米，石块直径为 0.60—0.70 米。外圈巨石的土下部分达 0.80 米，表明其总长度在 1.80—2.10 米之间。位于东—东南侧的两块墓碑尺寸很大，地面以上高度 1.50—1.60 米，直径 0.80 米。在冬至那天，太阳从西内 27 号的南面墓碑上升起（图 3.5）。北面墓碑碑身南侧面的底部则雕刻着一个圆盘形的浮雕（图 3.6）。

图 3.4 西内 27 号双圈遗址及墓地东南轴线

西内 27 号双圈遗址的发掘是围绕 8 个发掘单位进行的。在内圈中心挖

图 3.5　西内 27 号双圈遗址南侧墓碑处的日出

(2013 年 12 月 21 日上午 6：30)

了 1 个 2×2 米的测试坑；在西北、东北、西南和东南位置挖了 4 个扇形坑；在墓碑周围挖了 3 条 2×1 米或 3×1 米的壕沟（图 3.7），以便找到类似其他巨石墓地出土的祭祀陶罐（Thilmans et al., 1980；Gallay et al., 1982）。

　　在墓碑周围的挖掘未发现祭祀陶罐。因此，在此个案中没有这一习俗。北侧的 3×1 米壕沟，试掘深度为 0.50 米。东侧壕沟同为 3×1 米，挖掘至 0.20—0.50 米的深度。南侧 2×1 米的壕沟开挖到 0.60 米的深度。

图 3.6 西内 27 号双圈遗址北侧墓碑上的浮雕圆盘

在内圈以及东北和西南扇形坑的挖掘工作一直进行到 2 米深的贫瘠土层。西北和东南扇形坑被细分为更小的单元，试掘到不同的深度。西北坑被分成 4 个独立的单元，分别挖掘至 1 米、1.25 米、1.60 米和 1.80 米处。遗址地层由 7 层组成，但内圈和外圈土层有一些差异。通过挖掘外圈东南坑的西剖面和西北坑的东部面，可以看到从底部到顶部包括以下各层：

（1）地面以下 1.25—1.60 米，浅黄色黏泥；

（2）地面以下 1.25 米，黄色黏泥；

（3）地面以下 0.85/1.10—1.00/1.30 米，灰黄色沙质黏泥；

（4）地面以下 0.50/0.65—0.85/1.10 米，黄红色黏泥；

（5）地面以下 0.35—0.50/0.65 米，黄灰色沙质黏泥；

（6）地面以下 0.25—0.35 米，红色、红宝石色密实黏土；

(7) 地面以下 0—0.25 米，深灰色粉状沙。

内圈也包括上述各层，但在地下 1.60—2.00 米的深度上多了一层深灰色的沙质淤泥，以及更多的红土块。

图 3.7　发掘中的西内 27 号双圈遗址

西内 27 号双圈遗址的地层分析、考古结构分布以及常规碳-14 测年法、加速器质谱碳-14 同位素质谱测年法显示，西内—恩加耶纳双圈墓地的使用时间超过 7 个世纪，大约从公元 700 年到 1450 年（表 3.2）。从丧葬程序和仪式规程的变化可以看出，这个遗址的建造和使用经历了一共 4 个阶段（Holl et al., 2007, Holl & Bocoum, 2017）。

表 3.2　西内—恩加耶纳墓葬群西内 27 号双圈遗址碳-14 年代测定

实验室序号	遗址	采样号	碳十四测年法（距今年）	树轮测年法（公元前、公元）
西北扇形坑				
ISGS—5298	西内 27	241 NWOC—45	1150/70	公元 784—954 年

续表

实验室序号	遗址	采样号	碳十四测年法（距今年）	树轮测年法（公元前、公元）
内圈					
ISGS—5300	西内 27	280—IC—60—80	1170/70	公元 764—938 年
ISGS—5299	西内 27	253—IC—100—120	1060/70	公元 894—1026 年
ISGS—5297	西内 27	276—IC—160—180	1200/70	公元 727—911 年
东南扇形坑				
*ISGS—a0334	西内 27	214—SEOC—20—40	736/42	公元 1235—1281 年
*ISGS—a0333	西内 27	228—SEOC—100	516/43	公元 1337—1427 年
西内 T-01 号墓冢				
ISGS—7227	西内 T-01	1.60—1.80m	2750/70	公元前 992—848 年
西内 T-02 号墓冢				
ISGS—6228	西内 T-02	0.80m	1330/70	公元 647—769 年
仪式空间				
ISGS—6229	西内 Fr-03	0.20—0.40m	590/70	公元 1306—1400 年

(1) 第一阶段（公元 700—800 年）

两个发掘单位，即内圈和东南扇形坑的东北角，记录着西内 27 号双圈遗址的最初的建造和使用阶段（图 3.8）。这是一个层层累积的人骨堆，西北—东南轴线长 4 米，南北宽度 2.20 米，骨堆厚度 0.50 米。骸骨堆积来自多次的二次埋葬。骨堆包含数十块长骨和 20 多个头骨，被一个包含许多红土块的土堆所覆盖，并向东延伸到"前门"下。在骸骨中还发现了一些铁矛尖和一个铜合金手镯。第一阶段的主要埋葬习俗可以概括为以下几点。

第一，挖一个大坑，其后来成为中心位置。

第二，从临时性的一次墓葬收集和选择至少 20 个成年人的骸骨，然后把骸骨和铁矛头一起放入坑内，铜合金手镯则留在其佩戴者的手腕上。

第三，用土堆和红土块覆盖骸骨，填平大坑。

第四，18 块巨石构成外圈，2 块大墓碑构成墓门，这估计是数年后建成的。

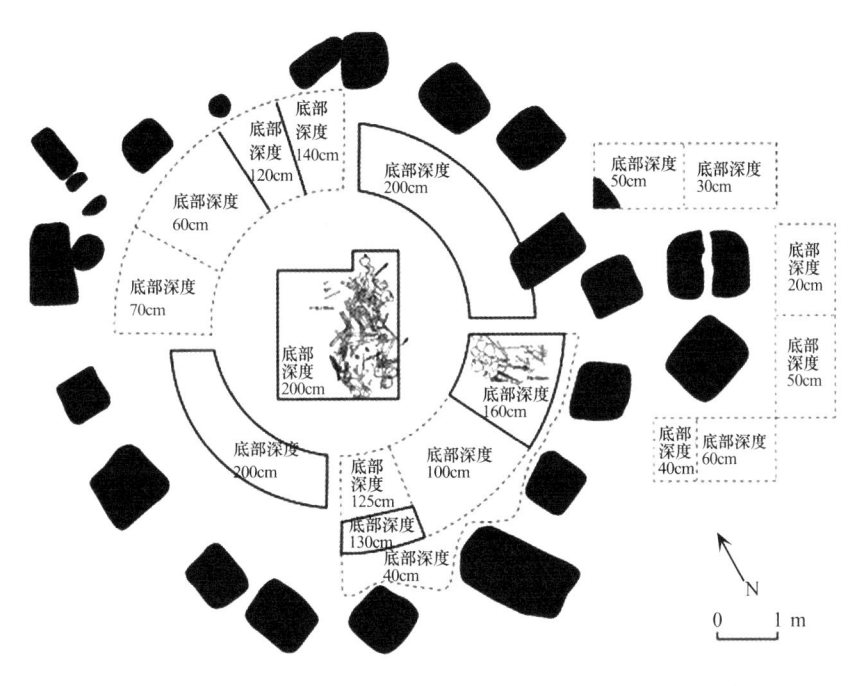

图 3.8　西内 27 号双圈遗址使用的第一阶段（公元 700—800 年）

总之，正如公元 700—800 年第一阶段的数据所呈现的那样，西内 27 号双圈遗址由三个主要部分组成：一个巨大的二次群葬墓，其中至少有 20 个成年人的遗骸；一个直径 9.5 米的石圈，包含 18 块巨石；两个巨大的墓碑，其中一块的底端有圆盘形浮雕。

在第一时期遗址中发现的物质文化样本完全由金属制品组成：5 个铁矛尖和 1 个铜合金手镯，后者仍然环绕在骨堆东侧的臂骨上。所有矛头的刀刃和尖端有所弯曲，这是进行了改造，象征着不再具有攻击性。最完整的几支矛尖长度为27—35厘米，其中一个矛刃的底部有一个铜合金环，另一个矛尖有保存完好的倒钩。

（2）第二阶段（公元800—900年）

在公元800—900年的第二阶段，墓葬程序和仪式发生了重要变化。对直径9.5米的巨石圈的使用仅限于其东半部（图3.9）。发掘结果显示，在西南—东北6米线和西—东4米线构成的长方形区域，在1—1.5米的深度集中了一些人类遗骸，明显包含数个埋葬阶段。其摆放有两种方式：一是一定数量的长骨集中在一起，有时伴有头骨，此类方式居多；二是只有数根长骨和头骨，规模较小。

在中央区域的发掘中发现了5处遗骸和陪葬物。标号F4、F5和F7的遗骸显示了强烈的相似性。F4是一个完整的成人头骨，下颌骨在地下1.10—1.32米深处被发现。F5包含半个带有下颌骨的成人头骨。F7是一个成人头骨，与下颌骨连接在一起。F6包含一个成人头骨，一块下颌骨碎片，以及一些长骨。F8只有长骨，有10多根。最后，在地下1.45米深处发现了F9，是一个铁制矛头。

在西南和东南扇形坑南侧位置发现的几组骸骨可能是更大的骸骨聚集堆的一部分，类似于在中央区域出土的那些（图3.9）。F3位于西南扇形坑，包含一个成人头骨和地层切面中发现的4根长骨。位于东南扇形坑的F9，包含2个成人头骨和一个残缺的肱骨。同样位于东南扇形坑的F10，包含一系列东北—西南方向摆放的长骨。其余出土物挖掘自东北扇形坑的南侧和东南扇形坑的北侧地下1.10—1.20米深的范围。位于东南扇形坑东北角的F7包含1个成人头骨和少量的长骨。F2和F4同样位于东北扇形坑，相距1.5米。它们非常相似，都是成人头骨，上面覆盖着大块的陶罐碎片。F3的一部分位于一块坍塌的巨石下，包含2根平行摆放的臂骨——桡骨和尺骨（图 3.9）。

综上，第二阶段的数据明确地印证了二次埋葬的做法。这一次，不同个体的头骨和长骨被挑选出来，在不同的时间阶段被埋葬在西内 27 号墓地中。完全确认这一点还比较困难，但很有可能的是，在第二阶段的墓坑中发现的一系列二次墓葬发生在一个相对较长的时期内，大约 100 年间。所发现的出土物包括 10 个头骨和 30 根长骨，以及在中央挖掘区发现的一个铁矛尖。

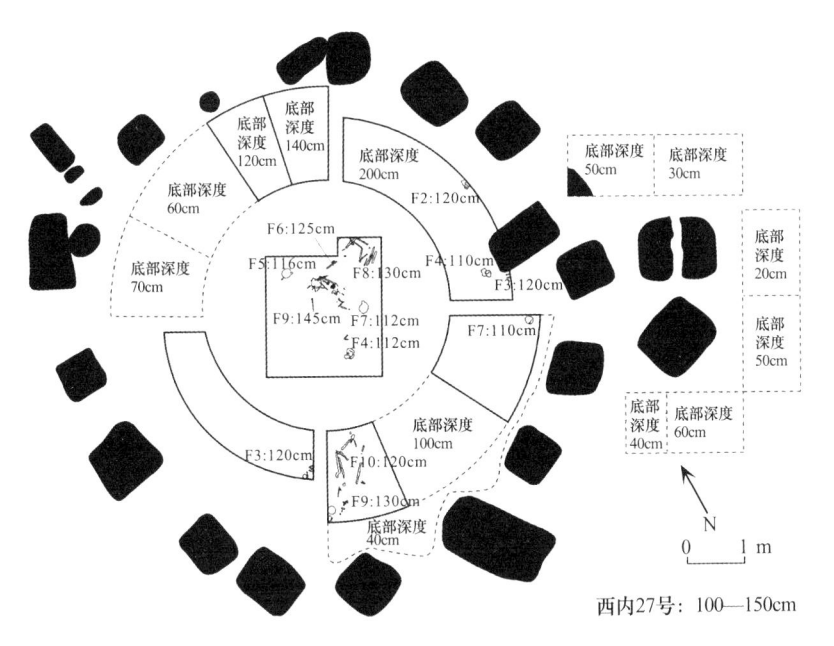

图 3.9 西内 27 号遗址使用的第二阶段（公元 800—900 年）

（3）第三阶段（公元 900—1000 年）

西内 27 号遗址在第三阶段经历了一次重要的建筑转型，时间约为公元 900—1000 年。用 15 块直径为 2 米的短圆柱形巨石建造的内圈，改变了其整体结构。大部分的殡葬仪式都是在西北扇形坑位置进行的（图 3.10）。新的殡葬风俗出现了，其特点是对埋在墓穴中的骸骨的选择要严格得多。

西内 27 号遗址一眼可取是一个双环巨石圈,中间的西—东轴线将之分为两半,人类遗骸按个体摆放(图 3.10)。这些遗骸发现于地下 0.50—0.85 米深处,分为 3 个小组。F2 位于西南扇形坑的西端,包括 1 块成人下颌骨和 2 块长骨的碎片。位于中央发掘区东端的 F3 包含 1 个成人头骨和 1 块长骨。最后是 1 块长骨,在 0.85 米深处被发现,相对孤立,但位于 F2 和 F3 之间。

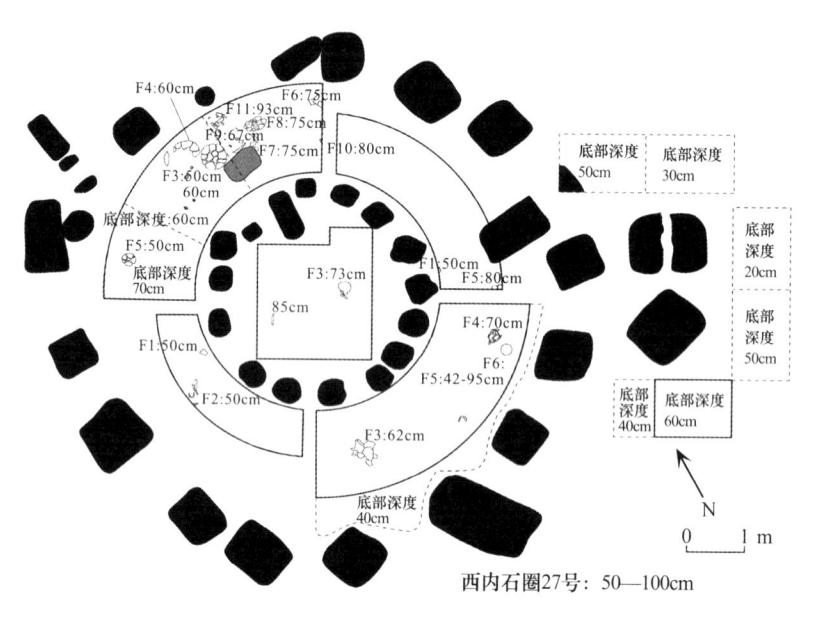

西内石圈27号:50—100cm

图 3.10 西内 27 号遗址使用的第三阶段(公元 900—1000 年)

在遗址南半部分的东南和东北扇形坑,发现了 5 处遗存。F1 和 F5 分别在地下 0.50 米和 0.80 米深处被发现,位于东北扇形坑。F1 是位于内圈东侧的一个倒置的小陶罐(图 3.10)。F5 是一个破碎的大陶罐的一部分,在 0.80 米深处发现,碎片嵌入地层切面中。F3、F4 和 F6 位于东南扇形坑。F3 是一个相对较大但完全破碎的陶罐,位于南侧,深度为 0.60 米。这是一个半球形的器皿，肩部和颈部有滚印纹和刻线，肩部和内缘涂有红色泥釉。F4 在扇形坑的北侧地下 0.70 米深处，是一个倒扣在一些人类牙齿上的罐子。这是一个半球形有颈部的容器，边缘外翻，肩部有圆点图案，装饰有滚印纹和红色泥釉。F6 是一个深灰色小罐，盖在一堆牙齿上。最后，在这个扇形坑的中央部分还发现了一个成人下颌骨。

在西北扇形坑发掘了 9 个遗存，它们围绕在一块长 0.50 米、宽 0.45 米、厚 0.15 米的红土板和两个柱孔周围（图 3.10）。整体看起来像一个带有"祭祀台"的祭坛。F5 位于扇形坑南端 0.50—0.57 米处，是一个相对较大的陶罐，倒扣在一堆牙齿上。这是一个圆柱形的容器，方颈，直沿，外面和里面完全覆盖着红色泥釉，肩部有四条平行网纹刻线，罐体上有滚印纹（图 3.10）。

在该扇形坑中部地下 0.50—0.95 米深处，发现了高度集中的 6 处遗存物（F3、F4、F7、F8、F9 和 F11）（图 3.10）。位于 0.50 米深处的 F3 包括两个相对较大的陶罐，其中一个倒扣着。两个罐子都是方形的，方颈，直沿（图 3.10）。倒扣的罐子是半球形的。罐体的流线部分有两条平行刻线。肩部和边缘覆盖着红色泥釉。罐身覆盖着滚印纹。边缘的内侧和整个容器的外部都覆盖着红色泥釉。另一个圆柱形的陶罐，也有两条平行网纹刻线，整个外表面覆盖着红色泥釉。这些器皿可能是用来盛放定期放置在祭坛的祭品。

F4 出土于地下 0.60 米深处，距离 F3 数厘米，包括一个倒扣的大陶罐和一些红土块。这是一个半球形的罐子，方颈，直沿，罐身上有滚印纹。上半部分，从肩部到边缘，涂抹着红色泥釉。与之前的物品一样，罐体的流线形部分有两条平行网纹刻线，在器皿的底部和边缘还发现了其他的横刻线。

F6 是在发掘坑北角 0.75 米深处发现的。这是一堆碎片，可能由两个部分组成。其中一个是盖子，上有宽滚印纹；另一个是容器的主体部分，流线体、圆柱形，有一个圆形的底座、直颈、直沿。罐体表面和内缘有红色泥釉。罐子上装饰有滚印纹，流线形部分、罐子底座和内缘有一系列平行网纹刻线（图 3.10）。

F7 位于 0.75 米深处，与"祭祀台"相邻，包含一个损坏的陶罐，倒扣在人类牙齿上。陶罐为球状，流线形，颈部清晰。肩部和边缘的内侧有红色泥釉。罐身有滚印纹。流线形部分有平行网纹线。

F8 与 F7 深度相同，具有相同的特征。这是一个倒扣的容器，壁略厚（1.8 厘米）。它的装饰相对来说比较简单，罐身有滚印纹。

F9 位于挖掘区中心深 0.67 米处（图 3.10）。它包含 1 个成人头骨和 5 根长骨。F10 在挖掘区东侧，深度为 0.80 米，是人类牙齿的遗存。F11 在挖掘区西侧，与 F10 深度相同，包括人类牙齿和倒扣在上面的陶罐。陶罐碎成了几块，原为流线型，有颈部和内翻的边缘，上面完全覆盖着红色的泥釉。罐体上装饰着滚印纹。

整个西北扇形坑出土的遗存可以分为 3 个子组：南侧的 F5，东侧的 F6 和 F10，以及中部与柱洞和"祭祀台"相关的 F3、F4、F7、F8、F9 和 F11。人类牙齿是 F5、F7、F10 和 F11 的重要组成部分。F9 位于中心位置，被祭器和"祭桌"围绕，这可能并非偶然（图 3.10）。

数据分析表明，在第三阶段，西内 27 号遗址的仪式功能得到了扩展，可以让更多的人参与其中。用倒置的陶罐覆盖人的牙齿，这一做法出现了 6 次，极为突出。这 6 处牙齿遗存在两个扇形坑中呈对角线对称分布，东南方向有 F4 和 F6，西北方向有 F5、F7、F10 和 F11。祭器数量更多，分布更广，但东北扇形坑中 F5 的情况无法确定。这些祭器中的 5 个（F3—1、F3—2、F4、F6 和 F8）都在西北扇形坑，2 个或 3 个（F1、

F3 和 F5？）在东南扇形坑和东北扇形坑被发现。埋葬本身似乎越来越不重要，重点开始转移到祭品、供品，以及很可能供奉给更大的社区的祭品酒。

公元 900—1000 年建造的内圈标志着西内 27 号墓地的性质和用途发生了重大变化。它已经成为位于西内—恩加耶纳墓葬群中心的"公共建筑"，向整个社区开放，供人们进行丧葬和祈福仪式。正是公共仪式和典礼的开展，最终使双环巨石圈获得了中心地位。

（4）第四阶段

在地层序列的上层，从地表到地下 0.40—1.00 米，记录了西内 27 号墓地使用的第四阶段（图 3.11）。它的年代经过校正约为公元 1235—1281 年至 1337—1427 年，遗址的使用强度明显下降。大多数被发现的遗存都很浅，有些可能是意外堆积的结果。F1 和 F2 分别位于内圈地面以下

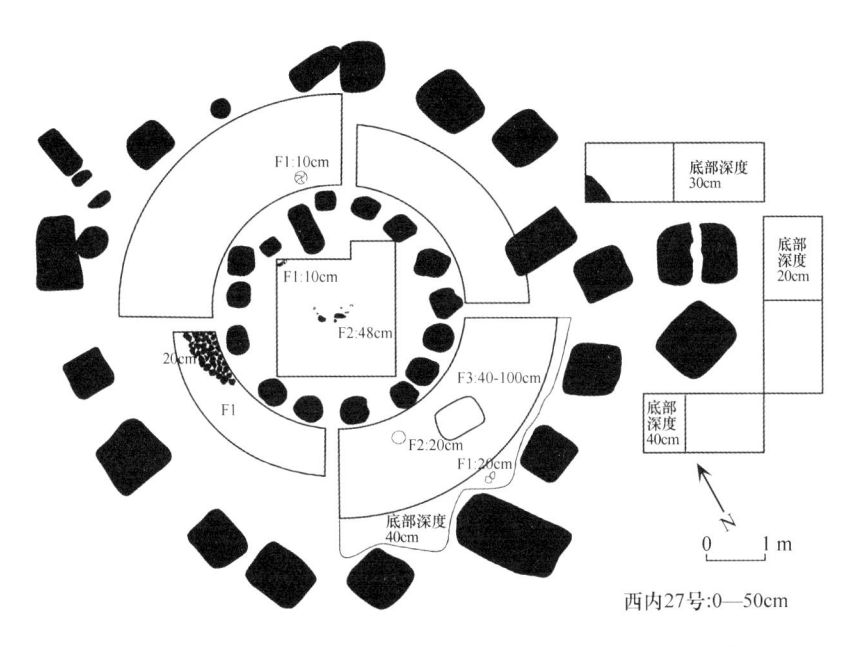

图 3.11 西内 27 号遗址使用的第四阶段（公元 1250—1450 年）

0.10 米和 0.48 米的深度，接近于意外堆积的情况。然而，小块红土系统性存在，这似乎表明在某种程度上是有意为之。F1 位于挖掘坑的西北角，有骸骨碎粉状遗存在一个小红土块上。F2 位于挖掘坑的中心，包括一个骸骨碎片松散集中区域，其南侧有 3 个红土块。这两个骸骨表明，在公元 13—14 世纪，殡葬仪式可能有了进一步的变化，做法是小骨头碎片被移动，与红土块一起埋入西内 27 号墓地的内圈。

在西北扇形坑发现了 2 处遗存，深度为地下 0.10—0.20 米。其中 F1 是一个小陶罐碎片堆，厚 1.2 厘米，装饰有滚印纹和红色泥釉。另一个是 F2，包括两个严重破碎的容器。最大的容器是球形的，完全用滚印纹装饰，内外表面都有红色泥釉。另一件容器是一个有脚花瓶，损坏严重。它的底部是凹陷的，没有装饰，内外表面都有红色泥釉。

在西南扇形坑的 0.20—0.40 米深处，发现了一个红土块制品遗存。这是一个扁长的椭圆形，长 1.10 米，宽 0.45 米。它的南端不超过西北扇形坑界线，应与内圈的一块巨石相邻。此处未发现更多的考古学遗存，其功能也未确定。

东南扇形坑中发现了 3 处遗存和骸骨。F1 在发掘场地的南部地下 0.20 米深处，是一个压碎的罐子。它是一个球状的器皿，口部弯曲，内外都有红色泥釉。一条横切线和一个凸起划定了横条滚印纹装饰的边界。F2 位于西北部地下 0.20 米深处，是一个球状器皿，直颈、直沿。它基本没有装饰，只有几条水平平行线：两条在肩部，一条在底部。F3 位于发掘的中心位置，是一个长 0.75 米，宽 0.40 米，深 0.60 米的墓穴。这显然是一个二次埋葬。人类遗骸是在 0.60 米厚的深灰色沉积物中发现的。沉积物的顶部约 0.10 米厚，东侧有一个带下颚的成人头骨，西侧有一系列完整的带有骨骺的长骨，沉积物中还散布着小块红土。顶层以下的骨沉积物更密集、更厚实，包括一些长骨、一个头骨、头骨碎片和牙齿，直到坑底。在 F3 中，共计发现了 70 块人骨，包括 2 个头骨、7 颗明亮的绿松石玻璃珠以及 2 个沉积在坑底的铜合金戒指。

西内 27 号遗址在整个第四阶段的使用强度较低，其主要特征为二次埋葬和祭祀器皿。出土的陶罐与第三阶段的陶罐不同。然而，它与 25 号遗址的 7 号遗存（Thilmans et al., 1980：58）、28 号遗址的 11 号遗存（Thilmans et al., 1980：70）以及 32 号遗址的 2 号和 3 号遗存（Thilmans et al., 1980：40）大体上属于相同的年代区间，经校准为公元 1042—1238 年。值得一提的是，在第四阶段遗存物中，来自远途贸易的物品——玻璃珠和铜合金环——相对集中。

西内 27 号的使用随着时间的推移而发生变化，从大约公元 700 年到 1450 年，连续经历了四个阶段。公元一千纪末期出现了建造内圈这一变化，这可以通过两个因素的结合来解释：一方面墓地空间被逐渐填满，另一方面是西内 27 号意外拥有的中心地位。西内 27 号逐步成为一个专门用于仪式和典礼的"公共建筑"，扩大和加强了它的"中心性"。

2. 西内 52 号遗址

西内 52 号遗址位于西内—恩加耶纳墓葬群的东北端，距离最近的其他巨石遗址 120 多米。这是一个小型巨石圈，直径 3.5 米，有 12 块巨石，其东侧的一块 1.9 米的颇有气势的墓碑已断成 2 块（图 3.12）。遗址发掘面积为 81 平方米（9×9 米），被细分为 4 个底长 9 米、高 6 米的三角形单元。石圈位于南北轴线和西东轴线的交会处，有 0.30 米厚的护坡标记。

挖掘工作一直进行到 1.75 米深的遗址底部，在浅棕黄色石灰岩的天然沉积物上堆积起 5 个地层序列：

（1）地面下 0.90—1.00—1.75 米，浅黄褐色淤泥质沙；

（2）地面下 0.40—0.80—0.90—1.00 米，浅黄色淤泥质沙；

(3) 地面下 0.30—0.40—0.80 米，黄色黏土沙，有白蚁巢穴；

(4) 地面下 0.10—0.20—0.30 米，深灰棕色沙；

(5) 地面下 0.00—0.10—0.20 米，疏松的深灰棕色浅表沉积物。

图 3.12　发掘中的西内 52 号遗址

在遗址外的扇形坑中挖掘到自然沉积物，厚度为 0.30 米。这个区域的考古遗存极少，只在西北扇形坑的东北角发现一个大的陶罐碎片，在墓碑区域有 6 个被压碎的器皿。

西内 52 号石圈直径为 3.5 米，由 12 个细长的圆柱形巨石构成，还有一个 1.9 米长的倒塌的墓碑。石圈中有 4 块巨石断成了 2 块或多块。令人惊讶的是，除了墓碑外，所有断裂的巨石都在石圈的西半部分。依然耸立的整块巨石地面以上高度为 0.67—1.58 米，宽度为 0.31—0.50 米，厚度为 0.25—0.48 米。石圈东侧 1.5 米处的墓碑要大得多，长 1.9 米，宽 0.53 米，厚 0.40 米。

通过对整个西内 52 号遗址进行的挖掘发现，在墓碑区域发现了 6 个祭器遗存，在石圈东半部分发现 1.5 米厚的地层序列。遗址历史可以分为两个使用阶段，但由于缺乏有机材料，无法确定时间。

第一阶段的遗骸和遗存位于 1.10—1.40 米深处。人类遗骸位于石圈中心，占据空间南北长 1.8 米，东西宽 1 米（图 3.13）。遗骸包括 3 个头骨和许多长骨。毫无疑问是二次埋葬。虽然很难证明，但这些长骨很可能是 3 个头骨所代表的 3 个人的长骨。中央的头骨被铁质物包围并置于其上：2 个矛头、1 个匕首刀片和 2 个戒指。在遗存中还发现了 2 颗珠子，一颗是玻璃制成的，另一颗是肉红玉髓制成的。

图 3.13 西内 52 号遗址，第一层

第二阶段的遗骸和遗存位于 0.80—0.90 米深处。人类遗骸堆积也是在石圈的中心位置，占据空间呈长方形，长 1.4 米，宽 1 米（图 3.14）。同样也属于二次埋葬，包括一个头骨和许多长骨、一个海洋贝壳（芋螺）、一个半透明的玻璃珠、一个铁矛头和一个铁箭头。箭头发现时位于

头骨下方。

图 3.14 西内 52 号遗址，第二层

西内 52 号遗址建造所遵循的殡葬程序相对简单。数量较少的个体的骨头（根据所发现的头骨数量，第一阶段是 3 个，第二阶段是 1 个）被收集并分两个阶段埋葬。在无法推断年代的情况下，很难判断这两个阶段之间的时间差。有几种可能性，我们择其二进行阐述。第一，相同社会地位的人被埋在遗址中，第一阶段有 3 人，第二阶段有 1 人。第二，根据目前一些研究者的论证（Gallay, 2006, 2010; Gallay et al., 1981, 1982; Thilmans et al., 1980），第一阶段的遗骸是墓地"主人"的，第二阶段的遗骸属于其附属者、俘虏或献祭的奴隶，目前流行的温和术语称之为"陪葬者"（Cros et al., 2013）。

一些文献中经常提到塞内冈比亚巨石圈的人祭习俗（Gallay et al., 1982; Thilmans et al., 1980）。然而，要从已有的考古发现中得出这个结论是极其困难的。仅仅是人类遗骸的叠加和累积，并不足以作为论据。

在一些巨石圈中，有3—4层叠加。涉及二次埋葬的话，关于人祭的观点就更难以证明了。换句话说，二次埋葬程序高度仪式化和情感化，极其不可能同时用于"主人"和"陪葬者"。

在第一阶段和第二阶段的遗存中出现了来自远途交换的物品：玻璃和红玉髓珠子、海洋贝壳以及铁制武器——矛头和箭头，这更是表明被埋葬者们社会地位相当。就西内52号遗址而言，前述第一种可能性似乎是最合理的。

3. 西内T-01号土冢

西内T-01号土冢位于墓地中央位置，在西内27号双圈遗址以东30—40米。在早晨的光照下，可以看到它是一个直径约11.50米的淡黄灰色沙质黏土丘。它被南北轴和东西轴的交叉点分为4个6米的扇形坑。发掘重点是东南和西北两个扇形坑，它们连接在一个4×4米的中央试验坑上（图3.15）。发掘总面积为117平方米。发掘区的外围主要由沙质沉积物组成。中央部分密度更大，由充满白蚁巢穴的淤泥质黏土构成。在南北轴线和东西轴线的交会处，发掘出了土冢墓穴，深度为2米。

挖掘过程中发现了2米厚的地层序列，分为8层：

（1）地面以下0.00—0.10米，深灰褐色沙质和粉状表层；

（2）地面以下0.10—0.50米，浅黄褐色淤泥质沙；

（3）地面以下0.50—0.75米，浅黄色淤泥质黏土；

（4）地面以下0.5/0.75—1.10米，浅红棕色淤泥质沙；

（5）地面以下0.50/1.10—1.50米，红褐色淤泥质沙；

（6）地面以下1.00—1.25米，沙子、灰粒和深灰棕色煤；

（7）地面以下1.10/1.25—1.50米，黄色淤泥质沙；

（8）地面以下1.50—2.00米，黄色淤泥质黏土。

图 3.15　发掘中的西内 T-01 号土冢

西北扇形坑没有发现遗存，碎片数量极少，可忽略不计。东南扇形坑在沿南北轴线 1.80 米深处发现了一个有意义的遗存，其露出部分长 0.60 米，宽 0.40 米。它呈扁豆状，表面为深砖红色和黑色，内有灰烬、木炭和陶罐碎片。这个遗存靠西的部分嵌入地层剖面中，未露出。

所以，西内 T-01 号墓地发掘出两处遗存：一个是位于东南扇形坑的炉灶，深度为 1.80 米，位于中央墓穴往南 3 米；另一个是位于中心位置的完整的初级墓葬，深度为 2 米。骸骨已经成为粉状，保存状况很差。只有头骨可以作为沉积物块被取出。此人以背卧位埋葬，身体的上半部分略微向左倾斜（图 3.16）。两腿朝向西南—东北方向，伸直放置且平行。躯干为东西走向，右臂略微弯曲，手平放在骨盆处。左臂沿躯干伸展。头部微微抬起，向左侧倾斜，面向西方。这是一名年轻的成年男性，年龄为 25—30 岁。他下葬时伴有一系列独特的装饰品和陪葬品，清单如下：

（1）1个精致的金属项圈，上有双孔铜合金项链吊坠；

（2）1把铁剑，可能装在皮鞘里，横在胸前，从右肩到胯部；

（3）一组8个铁矛尖（矛杆没有保存下来），长0.25—0.40米，位于左肩，与躯干平行；

（4）沿着左大腿有一个铁制手杖圆头；

（5）1个铁柄，可能是"苍蝇拍"的手柄，靠近左肩；

（6）1个铜合金腰带扣；

（7）1对脚踝铁铃铛；

（8）1个铜合金脚环。

图 3.16　西内 T-01 号墓穴内部

该墓穴中的丰富物资表明，西内 T-01 号土冢的被埋者是一个具有特殊地位的重要人物，可能是一个"著名的战士"。从1.80米深处的炉灶遗存采集的木炭样本，使我们能够确定西内 T-01 土冢的年代约为公元前

848—992 年（ISGS-7227），或者大约为公元前 850—1000 年。这座古墓的墓碑未被发现，很有可能是被移走了。在过去的 40 年里，农业工程不断开展，西内—恩加耶纳的墓冢逐步被铲平，妨碍耕作的巨石也被移走。

4. **西内 T-02 号墓穴**

西内 T-02 号墓穴也位于墓地的中央部分，在处于中心位置的西内 27 号双圆环遗址以西不到 100 米的地方。其位置与西内 T-01 的位置几乎是对称的。它被发现是因为有一个浅黄灰色的轻微圆形凸起，直径约为 11 米。在土冢的西半部打开了一个三角形的试验坑，底边长 11 米，高 5 米，中央扩展区 2×2 米（图 3.17）。挖掘的面积达到 30 平方米。试掘一直进行到 1.8 米深的天然沉积物，显示了 4 层的地层序列：

图 3.17　西内 T-02 号墓冢，墓穴在中央

（1）地面以下 0.00—0.20 米，松散的灰褐色沙；

（2）地面以下 0.20—0.60 米，浅灰褐色沙质黏土，含红土砾石和树根；

(3) 地面以下 0.60—1.20 米，黄褐色沙质黏土；

(4) 地面以下 1.20—1.80 米，黄褐色天然淤泥质黏土。

在 4 平方米的中央扩展区，在 0.80—0.90 米的深度发现了一副遗骸。这是一个成年人的骨架，保存状况非常差。骸骨已然融入沉积物中（图 3.18）。骨盆、椎骨、肋骨、肩胛骨、腕骨、跗骨和大部分长骨都没有保存下来。头骨看起来是一个被骨粉包围的球形沉淀物。

图 3.18　西内 T-02 号墓穴的发掘情况

被埋者戴着各种各样的铜合金首饰，以左侧卧位下葬，面朝东西，双臂微曲，双腿弯曲。发现的首饰如下：

(1) 左手腕上有 8 个铜合金环；

(2) 右手腕上有 2 个双锥形铜合金手镯；

(3) 左脚踝上有 1 个铜合金环；

(4) 左脚踝上的小鱼椎骨"脚链"，因铜氧化物得以保存。

在这个豪华的首饰组合中，居然没有铁器存在。依据这些各种各样的铜合金首饰，我们认为埋在西内 T-02 号墓穴中的人为女性。这是很有可能的。然而，我们应该牢记，性别和物质文化之间的关系具有模糊性和多义性，特别是在缺乏生物人类学数据的情况下。从 0.80 米深处的墓坑中采集的木炭样本使我们能够确定西内 T-02 号墓冢的校准年代为公元 647—769 年（ISGS—6228），简单一点可以说是公元 650—750 年。

总之，西内 T-02 号墓穴的主要殡葬程序与西内 T-01 差不多，当然也有重要的变化。西内 T-02 号墓坑较浅，这可能是由于更为严重的侵蚀；此外采样中没有发现火的痕迹。事实上，与西内 27 号遗址相比，西内 T-01 和西内 T-02 的对称性很可能是一种巧合，因为这两座墓葬在年代上有很大差距。西内 T-01 年代为公元前 850—1000 年，而西内 T-02 的年代为公元 650—750 年，相差 1500—1750 年。

尽管在年代上有如此大的差距，但这种巧合还是很有意思的。可以认为西内 T-01 是一个"著名的战士"的墓，西内 T-02 是一个上层社会女性的墓。

5. 西内 03 号仪式场地

仪式场地的发现是西内—恩加耶纳考古项目（SNAP）的重要成果之一。被发掘的部分以两块小型巨石为标记，位于西内 27 号遗址的南侧。这两块巨石最初被认为可能是西内 T-02 号墓穴的墓碑，但它们位于墓穴东面 45 米，这个距离不合常规。两块巨石周围的发掘区面积为 15 平方米，南北长 5 米，东西宽 3 米（图 3.19）。遗存 F1，北部的巨石，在地面以上的长度为 0.80 米，宽度为 0.30 米，厚度为 0.25 米。在其上端雕刻着一个圆形浮雕。F2，即南部的巨石，断成了两截，下半截与地面平齐，宽 0.40 米，厚 0.20 米。坍塌的部分呈圆弧形，西东朝向，长 0.80

米，最宽处 0.40 米，厚 0.20 米。

图 3.19 正在挖掘的仪式场地的一部分

除了这两块相距 1.25 米的巨石外，挖掘工作还发现了一系列有意思的遗存，证明了存在两个连续的使用阶段。第一个使用阶段的遗存在 0.50—0.70 米的深度被发现，包括以下遗存。

F6，位于发掘场地东部，是一个近圆形小炉坑，直径 0.20 米（图 3.20），由两行弯曲的红土块融入黏土砂浆中制成。坑底部有明显的凹陷。填充物中含有一些陶罐碎片和木炭。炉坑的开口可能是在东北侧。

F7，是一个被压碎的大型容器（图 3.21），位于发掘场地南部一个西南—东北宽 1 米、南—北长 1.5 米的区域。一条红色泥釉带勾勒出器皿的边缘。其底部碎片的位置表明，容器向东南方倾斜，底座显然在西北侧。

F8，3 件器皿的组合，在发掘场地北侧砾石平台下被发现（图 3.22）。主要容器呈略微拉长的球状，直边、平底，里面装着其他两个器皿。第二件是一个涂有深红色泥釉的有弧形边的碗。第三个是一个深灰色流线

图 3.20　F6 的灶坑

图 3.21　F7，大型容器

形小陶罐。这套东西部分嵌入了发掘场地的北部地层剖面。

　　F9，一个小型的圆锥台型坑，位于发掘场地的中央部分，开口处直

第三章 一级遗址：西内—恩加耶纳墓葬群

图 3.22 F8，黏土器皿组合

径 0.60 米，底部直径 0.80 米，深 0.20 米。该遗存的墙体为黏土砂浆混合小红土块，里面是干净的浅黄色沙子，没有任何遗存文化物品。

最后，在 0.70 米深处发现的 F10 是一个近圆形红土块铺设面（图 3.23），长度为 1.20 米，宽度为 1 米。

仪式场地使用的第二阶段在 0.20—0.30 米深的地方被发现，包括 F3、F4 和 F5 三个遗存，都是砾石平台。最大的一块直径为 2.20 米，与北部的巨石相邻。第二块半径为 1.60 米，位于挖掘场地的西南角。第三个，也是最小的一个，面积为 0.70×0.30 米，位于发掘场地的东北角，在 F8 的陶罐碎片堆上方。

综上所述，由两块小型巨石标记的仪式场地经历了两个连续的使用阶段。根据从第一阶段的炉坑中收集的木炭样本，可测定其年代为公元 1300—1400 年。很难具体了解到在这一拥有大量遗存物的场所里举行的

图 3.23　F10，近圆形红土块铺设

是哪种仪式。然而，人们可以提出这样的问题，这些仪式是向所有人开放，还是只面向少数群体？是否有一个具有特殊地位的司仪或女司仪？无论如何，发掘的空间所具有的强烈典礼和仪式内涵是不可否认的。

6. 西内—恩加耶纳采石场

除了保存完好的巨石圈，西内—恩加耶纳墓地附近还有一个保存非常完好的采石场。它位于墓地东面约 1 千米处，在通往附近提埃克纳村（Tiekene）的道路旁边。从挖掘出的部分看，这个采石场开采的不是截面为四边形的方形巨石，而是细长的圆柱形巨石（图 3.24）。被遗弃在现场的破碎石块上有微裂缝和导致其断裂的脆弱区域。采石工人对红土层的有利特征有很好的了解，再加上专业技术，他们能够切割、塑造和提取圆柱形的石块。采石场旁边有一个打磨区，可能是用于打磨采石工人所

第三章 一级遗址：西内—恩加耶纳墓葬群

使用的工具。

图 3.24 西内—恩加耶纳圆柱形巨石采石场

西内—恩加耶纳采石场（北纬 13°41′，西经 15°32′）位于西内村以北 1 千米处的平坦红土山坡上。该遗址最初是由提尔曼斯等人在 20 世纪 70 年代发掘的。2005 年又进行了进一步的挖掘，目的是划定采石场的范围，研究开采巨石的方法和技术，并确定开采的巨石数量。采样区长 7 米、宽 4 米，与 20 世纪 70 年代提尔曼斯发掘的边缘相接。8 个细长圆柱形石块的开采坑被发掘，这些废坑成对排列，基本上为南北走向。

旧的发掘坑被清理出来，与新的挖掘坑一并研究。巨石的采石坑为 5—7 个一组，但位于东南部的两个孤立的大型采石坑除外。采石场内及周围巨石的塑形痕迹和破碎被遗弃的巨石，使人们能够更好地了解采石工人的工作方法和技术。

采石工人应该是根据红土层中的微裂缝来决定从哪里下手切割巨石，

并借助铁制工具逐渐扩大这些微裂缝,需要琢方的石块,尺寸随之确定。然后用凿子和锤子加深和切割所选石块的轮廓。在漫长的琢方过程结束时,巨石块如同处于一条狭长的轨道上。杠杆——很可能是不同长度的铁棒——被用来剥离石块并将其倾斜到一边。然后,分离出来的石块通过琢方、校正和抛光等方法被更细致地打磨出来。

考古挖掘并没有覆盖整个采石场。发掘部分的面积为170平方米,包含43个长圆柱形巨石的采石坑,分为5组。借鉴莫亨(Mohen)团队在布列塔尼进行的巨石运输实验(1998年),可以想象出一个简单而有效的运输系统:把巨石放在小树干制成的"雪橇"上,由一队强壮的年轻人在雨季潮湿的地上拖拽。而采石工人可能是专业工匠中精英的一部分,其培训和从业受到仪式和习俗的保护。

三　小结

除了西内52号遗址这个明显的例外,西内—恩加耶纳墓地中所有已知年代的遗址都位于墓地的中央部分。年代的获得是非常重要的。位于中心组东侧的西内T-01号土冢可以追溯到公元前一千纪初期,即公元前848—992年(ISGS—7227)。位于中心组西部的西内T-02号墓冢,其年代为公元一千纪后半期的开始,即公元647—769年(ISGS—6228)。西内27号遗址,即位于墓地中心的双圈,使用期为公元700—1400年。相当引人注目的是,仪式空间的建立、西内27号遗址内圈的建造,以及西内27号遗址向祭礼等公共用途的过渡,所有这些在西内—恩加耶纳墓地中央区域显著"仪式化"进程中相辅相成的部分,均发生在公元1300—1400年的这一时段。

第三章 一级遗址：西内—恩加耶纳墓葬群

西内—恩加耶纳墓地使用的总时长目前还不清楚，从目前的研究看将近 2500 年。发掘工作集中在极少数的遗址上，在 20 世纪上半叶由朱埃纳博士（1917 年）和莫尼（1962 年）记录的共 167 个遗址中，只有 7 个被发掘。到 2000 年为止，所有发掘工作只集中于建筑（Gallay et al.，1982；Gallay，2006；Thilmans et al.，1980），未曾有关于建筑之间空间的研究探索。

今天可以明确的是，在西内—恩加耶纳墓冢和巨石圈之间存在某些功能上的差异。以两个出土案例为代表的古墓都是简单的初次埋葬，其中有丰富的装饰品和陪葬品组合。巨石圈涉及二次合葬，墓葬物品数量不多（Holl and Bocoum，2006，2013，2017）。杜切敏（Duchemin）上尉（1905 年，1906 年）和朱埃纳博士（1918 年）在 20 世纪初提出，大多数巨石圈都用于二次埋葬，这已经得到了证实，这是过去 10 年对塞内冈比亚巨石圈研究的主要发现之一（Cros，2010；Cros et al.，2013；Holl and Bocoum，2006，2013，2017；Holl et al.，2007；Laporte，2010）。

第四章 二级遗址：恩加耶纳2号墓葬群

恩加耶纳2号墓葬群（Ngayene Ⅱ）位于北纬13°41′29.90″、西经15°30′10.51″，在恩加耶纳—萨巴克村（Ngayene—Sabback）西边，小宝伯隆河北岸，海拔30米。它包括一部分民居残垣，一个规模颇大的炼铁作坊废墟，两个巨石采石场，以及一个位于高台的墓地。墓地包括42座建筑，分布在1.75公顷的土地上，包括21个碎石圈、7个巨石圈、3个大碎石圈墓冢、2个碎石冢、8个土冢以及一个简易建筑的红土地基。

一 墓地

墓葬建筑在恩加耶纳2号墓葬群中分群组分布。大部分的碎石圈发现于西南部（图4.1），它们似乎是按照一种特殊的空间逻辑排布（图4.2）。有两条基本平行的建筑轴线，呈东西走向。从30号建筑到24

第四章 二级遗址：恩加耶纳 2 号墓葬群

号建筑的中轴线包括 7 处遗址（30 号、T-02 号、27 号、T-06 号、T-04 号、23 号和 24 号）。从 31 号遗址到 28 号遗址的北轴线有 5 座建筑（31 号、29 号、28 号、25 号和 26 号）。事实上，如果不考虑西南区域高度集中的碎石圈，墓地中其他的建筑似乎都是按 2—3 个一组分布（图 4.1）。不过，也有一些相对孤立的建筑，主要是几个用墓碑标记的土冢，它们本身又是墓地边界的标记，包括东北方向的 33 号，东南方向的 7 号，西南方向的 1 号，北边的 32 号，西边的两组巨石，以及南边一块破碎和孤立的巨石（图 4.1）。

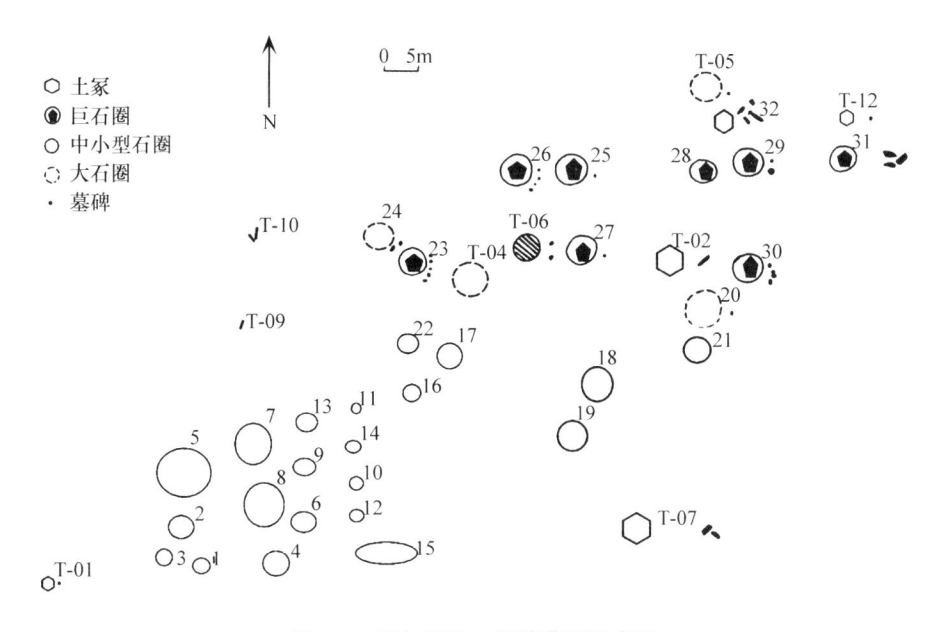

图 4.1 恩加耶纳 2 号墓葬群示意图

整个恩加耶纳 2 号墓葬群先后 5 次以 5×5 米的网格进行了大规模的剥离挖掘。所有 42 个建筑以及它们之间的空间都被彻底发掘。数据仅涉及建筑的空间排列，而不涉及每个开掘结构的出土细节。

1. 西南组

碎石圈在西南区域高度集中,这一发现是个很大的意外(图 4.1 和图 4.2)。恩加耶纳 2 号墓葬群最初的勘探和调查是在 2002 年进行。在现场,只有一个心形的红土块堆,南北两侧是微型的墓碑,整个遗址呈椭圆形。考古团队所有成员对发现新类型的石圈感到特别自豪。然而,一直等到西内—恩加耶纳发掘工作完成后,才继续进行恩加耶纳 2 号墓葬群的发掘。因此,恩加耶纳 2 号墓葬群的发掘工作于 2004 年冬季开始,至 2007 年共经过 5 次实地挖掘,其中两次是在 2005 年进行的。

图 4.2 恩加耶纳 2 号墓葬群碎石圈及微型墓碑

最初几天的清理和初步挖掘工作很快表明,"心形"只是农民为了避免他们的犁头受到损害而堆积起来的红土块。微型墓碑则与 17 个石圈一一对应(图 4.1)。

第四章 二级遗址：恩加耶纳 2 号墓葬群

这组碎石圈的分布以 8 号遗址为中心，它是位于中央的大石圈，与坍塌的大石相邻（图 4.3 和图 4.4）。墓碑总是位于碎石圈东侧。有些碎石圈没有墓碑，特别是 6 号、13 号和 14 号，可能是由于墓碑体积小，被农民拔起挪走了。那块大石与任何一个碎石圈都没有关系，似乎是用于标志这组碎石圈区域（图 4.4）。碎石圈的建造方式各不相同。有些遗址包含建在一排石头上的高度不等的矮墙，如 8 号遗址（图 4.5）。另一些则有两排石头矮墙。第三类以 9 号、10 号、11 号遗址为代表，更接近于石冢，它们可能受到了耕地的干扰（图 4.6）。15 号遗址的一半位于本组碎石圈空间的东南侧，表面呈深红色半圆形，带有许多柱洞（图 4.3）。这是被烧毁的民居残垣，还是与墓葬空间有关的特殊建筑？挖掘过程中收集的数据尚不足以做出结论。

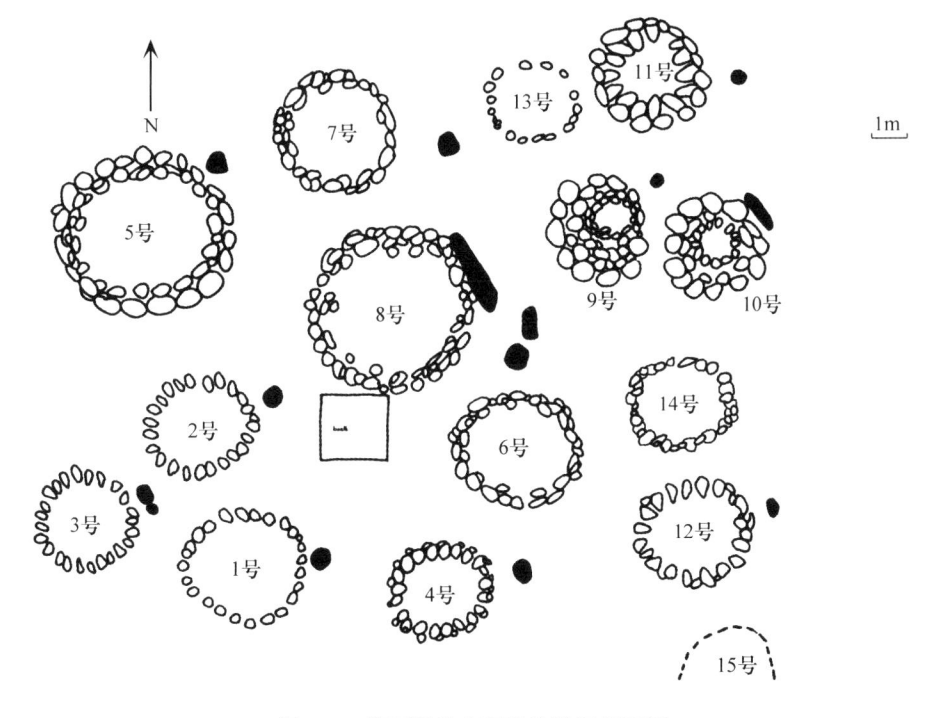

图 4.3 碎石圈集中区域的详细平面图

图4.4 原本矗立在本组碎石圈中心的倒塌巨石

图4.5 8号遗址建筑细节

2. 东南组

东南组包括2个遗址，20号和21号。20号遗址是一个围有矮石墙的墓冢，直径为6米，内有4个初级墓葬，时间上有先后。21号遗址是一个直径4米的碎石圈，为二次合葬墓，但埋葬的人数不多。

图 4.6　发掘过程中的 10 号遗址

3. 中轴线

中轴线东西向延伸 90 米，从 30 号到 24 号遗址，贯穿整个墓地（图 4.1）。它由 7 座建筑组成：3 个巨石圈（23 号、27 号和 30 号）、2 个大碎石圈（24 号和 T-04 号）、1 个矮石墙墓冢（T-06 号）和 1 个土冢（T-02 号）。对中轴线的组织进行仔细分析后可以发现，它实际上可分为 3 个子集，每个子集各包括 2 座建筑，每座建筑中均包括巨石圈、土冢或大碎石圈。T-04 号遗址略微偏离轴线，其东侧边缘有一个台阶，遗址由此进入。在沉积物中发现了一些小的人骨碎片，这表明骸骨曾被从这个遗址中移走。因此，这是一种临时性墓葬，是二次埋葬习俗中的一个基本步骤。位于轴线西端的 24 号遗址有一具受损严重的骸骨碎片，应具有同样的临时埋葬功能。3 个巨石圈（24 号、27 号和 30 号），以 24 号为中心，其他 2 个与之等距（图 4.7）。这些是二次合葬墓，30 号埋葬的人数少，27 号埋葬的人数非常多。T-02 号土冢内有一具成年男性遗骸，年龄为 45—55 岁，一同埋葬的还有两只狗（图 4.8）。此人的左股骨头受到严

图 4.7　恩加耶纳 2 号墓葬群 27 号遗址及其宏伟的墓碑

图 4.8　恩加耶纳 2 号墓葬群 T-02 号遗址

第四章　二级遗址：恩加耶纳 2 号墓葬群

重感染，完全坏掉了。可以肯定的是，此人无法行走，应该是死于血液中毒。

4. 北轴线

北轴线东西走向，始于 31 号遗址，终于 26 号遗址，长度 60 米（图 4.1）。它包括 5 座建筑，都是专门用于二级合葬墓的巨石圈。它们被组织成 3 个子集：西边的 25 号和 26 号，中间的 28 号和 29 号，以及东边的 31 号。31 号可能是整个墓地中最复杂的遗址之一，有厚度超过 2 米的考古沉积物，内含多个不同时期的二级墓葬。它还有两排墓碑，墓碑因一棵堪称"巨石吞噬者"的大树而倾覆（图 4.9）。

图 4.9　31 号遗址倾覆的墓碑

089

5. 北区组

北区组由位于遗址东北部的 2 座遗址组成。其中，T-05 号遗址是一个带有低矮石墙的土冢，里面有一具损坏严重的成年个体遗骸。另一个是 32 号遗址，由 2 块墓碑标记，这是一个被严重侵蚀的土冢，内有一个人类头骨。这是唯一记录在案的将单人二次埋葬于土冢的案例。

6. 边缘区域的墓冢

一系列的土冢标记着墓地的东、南和西边界（图 4.1）。北边界比较模糊，但如果将西北面出土的墓碑与北区组的 32 号遗址联系起来，还是可以看出一些端倪的。

东北位置的 T-12 号遗址和东南位置的 T-07 号遗址相距 70 米（图 4.1）。它们标志着墓地的东部边界，并将 30 号和 31 号遗址划入界内。T-12 号土冢只残余一个墓碑的根部。挖掘工作未发现遗址的其余部分。两个倒塌的墓碑表明了 T-07 号遗址的存在。一条东西走向 20 米长的壕沟呈现了 3 个个体的初次埋葬。

墓地的南边界以一系列孤立的墓碑为标记，它们可能是已经被严重侵蚀的土冢的标记。T-11 号的墓碑位于 T-07 号以南 5 米处。在 3 号坑道中发现的另一块断裂的长条形巨石，位于 T-07 号以西 20 米处（图 4.10）。坑道挖掘向西延伸了 12 米，但未能找到遗址的其余部分。T-08 号的墓碑是另一个孤立的倒塌墓碑，位于 3 号坑道以西 15 米处。最后，T-01 号是一个年轻成年男性的单人墓葬，位于 T-08 号以西约 10 米处，补全了墓地的南边界。

T-09 号和 T-10 号遗址相距 10 米，位于 T-01 号遗址东北方向 23 米，标志着墓地的西部边界，它们各有 2 个倒塌的墓碑。

第四章 二级遗址：恩加耶纳 2 号墓葬群

图 4.10　3 号坑道中断裂的巨石

最后，相距 20 米的 32 号遗址和 T-12 号遗址标志着墓地的东北边界。总之，在恩加耶纳 2 号墓葬群发现的土冢围绕其他建筑的空间组织方式，与西内—恩加耶纳墓葬群的情况相似。

综上所述，由于遗址及其相互之间的空间得到了完整的发掘，恩加耶纳 2 号墓葬群使人们有机会了解小宝伯隆盆地巨石建造者殡葬风俗的不同侧面。

初次墓葬主要位于低矮石墙围绕的土冢中，同时也存在于 25 号的大碎石圈遗址和 29 号巨石圈遗址。

二次埋葬的做法占据绝对主导地位。除了很少量的其他情况，碎石圈和巨石圈都用于二级墓葬，所埋葬的人数不等。然而，在墓地使用方面存在有意义的细微差别。2 号、3 号和 13 号碎石圈是"象征性墓地"，金属物品代表着被埋葬的人。22号遗址本应是一个碎石圈，但其建造工作中断了。10号、11号和14号遗址的表面有很重的红色痕迹，原因是火的使用，它们可能是举行仪式的场所。

大碎石圈的挖掘很可能是西内—恩加耶纳考古项目的主要发现之一，即发现了过渡性墓葬建筑。二次埋葬做法的象征性和仪式性都很强，分多个阶段进行，可能会持续数年。逝者首先被埋葬在一个临时坟墓中（过渡性埋葬），遗体分解后，根据群落和仪式的日程安排，全部或部分骸骨被收集起来，进行第二阶段的埋葬，埋葬入个人或集体的坟墓中。T-04号、24号和25号遗址是过渡性的墓葬，里面的骨骼被收集起来并重新埋入碎石圈和巨石圈中。

7. 恩加耶纳2号墓葬群中的民居遗址

2005年的强降雨造成了严重的线性侵蚀，冲刷出一些考古遗迹结构和一些堆积的陶罐，它们属于一个居住区，或者更准确地说，属于一个家庭单位。整个居住地位于恩加耶纳2号墓葬群以南约50米处（北纬13°41′424″，西经15°30′194″），海拔32.6米，位于高地的边缘。在沟渠轴线两侧的一个5×5米的挖掘单元，发现了一个周边呈橙红色的小炉坑。随后扩大了挖掘区域，在北侧开挖了5×1米的A沟，在西侧开挖了4×1米的B沟，又在A沟的北侧开挖了3×2米的C沟。恩加耶纳2号墓葬群居住区的挖掘面积为40m^2，挖掘深度为地下0.40—0.50米，在部分受到过侵蚀的灰褐色沙质沉积物中发现了两个遗存（F1和F2）。该沉积物堆积在浅黄褐色的天然黏土沉积物之上。

F1是一个周边呈橙红色的炉坑，位于发掘区域的东部、沟渠的东斜坡上。它呈长方形，东西长1.10米，南北宽0.75米，深0.20—0.40米，里面充满了灰烬、木炭和不同的陶罐碎片。这很明显是一个露天的炉灶，估计位于家庭的院子里,用于烹饪和烤制食物。从收集到的陶罐碎片样本看,可以确定至少涉及 11 个器皿。

F2 位于发掘区的西部、A 沟的南侧,是 4 个陶罐。它们虽然已经破碎,但仍在其最初的存放位置。这些器皿所处的位置是一个半径为 2 米的有限空间,碎片较多。除了倒扣的 4 个罐子外,还采集到 151 个碎片样本。

简言之,在恩加耶纳 2 号墓葬群居住区单元中发现的器皿大体上对应于一个家庭所需。它包括 2 个做饭用的罐子、1 个大碗和 1 个储物用的罐子,表明这是一个人口不多的农户。由于考古沉积物受到严重侵蚀,这个家庭单位所占的总面积未得到考证。

炉灶位于院子里这一点与非洲农村的一般情况一样,大多数家庭活动都是在封闭院落的露天处进行的。F2 的物品应该是存放在一个棚子里,或者沿着墙壁存放。根据从坑底采集的木炭样本,恩加耶纳 2 号墓葬群定居地的年代被校正确定为大约公元 1311—1409 年(ISGS-6224),或者公元 1300—1400 年(表 4.1)。

表 4.1　　　　　　　恩加耶纳 2 号墓葬群碳-14 断代结果

地点	实验室编号	样品	公元前年	树木年轮断代(2 sigma)
恩加耶纳 2 号墓葬群	Dak—1457	Feat 25—1.70 m(煤)	3075±30	公元前 1362—1195 年
恩加耶纳 2 号墓葬群	Dak—1462	Feat 26—1.60—1.80 m(煤)	820±25	公元 1173—1264 年
恩加耶纳 2 号墓葬群	ISGS—6225	Feat 27—0.85 m(煤)	1180±70	公元 748—930 年
恩加耶纳 2 号墓葬群	ISGS—6221	Feat 28—0.60 m(煤)	600±70	公元 1301—1393 年

续表

地点	实验室编号	样品	公元前年	树木年轮断代（2 sigma）
恩加耶纳2号墓葬群	ISGS—6220	Feat 29—0.60 m（煤）	1210±70	公元720—894年
恩加耶纳2号墓葬群	ISGS—6224	HS—0.40 m	570±70	公元1311—1409年
恩加耶纳2号墓葬群侵入碳样品	Dak—1458	Feat 26—0.60 m（煤）	305±35	公元1482—1654年

二 恩加耶纳2号墓葬群的炼铁场遗址

恩加耶纳2号墓葬群的炼铁场遗址位于墓地东南约100米处，北纬13°41′519″，西经15°30′044″，海拔35.9米。

炼铁炉渣分布在一个1250平方米的长方形区域，东北—西南长40米，西北—东南宽31.5米，位于高地边缘和斜坡上（图4.11）。在2005年、2006年和2007年进行的地表观察中，发现了一个明显的空间组织，值得通过挖掘来验证。根据这些观察，对进行矿石破碎工作的准备区位于遗址南边的斜坡底部。以厚重的底渣为标志的熔炉区位于遗址东西向的中央轴线上。废炉炉渣最初堆放的区域位于遗址的北边缘，那里集中了大量经过火烧的炉壁。二次提炼的炉渣堆放的区域位于炉区的南侧，那里发现了高度破碎和受到严重侵蚀的残存物。

在整个炼铁区域进行了6次试掘，旨在评估地表观察是否准确。整个挖掘的面积为160平方米。其结果令人相当惊讶。在表面观察到的遗址的空间组织，实际上是筛选炼铁副产品的结果。严格意义上的炼铁场

第四章 二级遗址：恩加耶纳 2 号墓葬群

图 4.11　炼铁场遗址

遗址肯定就在附近，但还没有找到。因此，挖掘出来的遗址是一个废料场，冶炼工人在这里处理废炉和大块的矿渣。一些遗存是炼铁炉的风口。炼铁炉尺寸不详。然而，对保存完好的底部矿渣的测量表明，炉底的直径为 0.40—0.60 米。

出土的文物使我们比较容易地了解当时的炼铁技术（Holl，2009）。每个炼铁炉的使用都是一次性的。在炼铁过程中，一个新的炉子被放置在一个带有风口的装置上。从炉子顶部烟囱装入交替排列的碎矿石和木炭。点火是通过底部的炉口进行的。拉动风箱提高温度，然后将温度稳定在所需水平。这一操作过程需要数个小时，时间长短取决于所冶炼矿石的质量和数量。矿渣的重质部分基本是液体，流向底部，形成底部矿渣。如果冶炼成功，熟铁块会在上面形成。经过一段时间冷却后，砸开炉子，用钳子收集熟铁块。用过的炼铁炉、底渣、开裂和破损的风口被丢弃。用锤子将黏附的熔渣去除，熟铁块就可以进入铁匠作坊加工了。

三 恩加耶纳 2 号墓葬群的采石场

恩加耶纳 2 号墓葬群有 2 个巨石采石场，位于墓地东北 1.5 千米处的小宝伯隆河北岸。这两个采石场采取崖壁琢方的作业方式。巨石从崖壁表面切割下来，崖壁因而逐渐后退，直至消失。大块石头从崖壁的表面切割下来后，根据需要被切割成一定的形状，经过打磨后运送到使用场地。采石场易于识别，因为那里通常会发现磨石器以及破裂和未完工的巨石。假使采石和制作的成功率是 100%，那么考古勘查就难以发现采石场的痕迹了。

1 号采石场的海拔为 45.4 米，位于北纬 13°41′73″，西经 15°29′97″，东北—西南向长 20 米，西北—东南向宽 10 米。红土崖壁的前端被突然截断，大块的红土块堆积在崖壁下面。

向西一段距离则是主采石场，海拔 47.4 米，位于北纬 13°41′710″、西经 15°30′086″。它从东到西 130 米长，从北到南平均 20 米宽。

综上，恩加耶纳 2 号墓葬群由 4 个部分组成：1 个墓地、1 个居住区、1 个炼铁区和 2 个巨石开采场。从目前的研究看，25 号遗址是墓地中最古老的部分，其年代为公元前 1362—1195 年（Dak-1457），位于遗址中央部分（表 4.1）。这是一个大的碎石圈，最初是作为一个初次埋葬的合葬墓（埋葬 4 人），后来变成了一个"临时墓地"。有一个可能性是，当碎石圈建造时，人们不知道此地还有更早的墓葬存在（Holl & Bocoum, 2017）。

在迄今为止所研究的塞内冈比巨石遗址中，恩加耶纳 2 号墓葬群的墓葬建筑最为多样。我们在这里发现了巨石圈、碎石圈、低矮石墙环绕的墓冢、石冢和土冢。单人和多人的初次埋葬主要在土冢。碎石圈和巨

第四章　二级遗址：恩加耶纳 2 号墓葬群

石圈则以二次埋葬为主。其中 3 个大碎石圈，24 号、25 号和 T-05 号遗址的功能为临时墓葬地。29 号遗址的巨石圈结合了初次和二次墓葬。32 号土冢是迄今为止发现的唯一一个单人二次埋葬案例。T-04 号遗址位于碎石圈区的北面，东侧有一个出入口台阶，它应该是位于墓地中南部的一个仪式和典礼场地的一部分。它的作用与第五章中描述的西内—恩加耶纳和桑蒂乌—恩加耶纳遗址的仪式场地相同。

墓地附近的民居、巨石采石场和炼铁场的存在，证明了逝者的空间与生者的空间交错在一起。根据所获得的测年结果（表 4.1），恩加耶纳 2 号墓葬群被使用了近 3000 年——从公元前二千纪后半期（约公元前 1400 年）到公元二千纪中期（约公元 1500—1600 年）。

第五章 三级遗址：桑蒂乌—恩加耶纳墓葬群

桑蒂乌—恩加耶纳墓葬群在小宝伯隆河盆地的东端，位于河流南岸，靠近源头。它在恩加耶纳 2 号墓葬群以东 5 千米处，海拔 44.7 米，位于北纬 13°42′22″、西经 15°28′72″。该遗址已被勘查过两次，第一次是在 2002 年对整个小宝伯隆河流域进行初步勘查时，第二次是在 2007 年对它进行发掘时。墓葬群区域呈梯形，面积约为 0.22 公顷，南北长 39—50 米，东西宽 40—45 米，地表可见 18 处建筑遗址（图 5.1）。

首先，所有建筑基本上 4—5 个一组分布于南北和东西方向的平行轴线上（图 5.1）。最东边的轴线上有 1 个碎石圈（1 号）和 3 个巨石圈（2 号、3 号和 4 号）。第二条轴线在第一条轴线的西侧，有 3 个碎石圈（5 号、6 号和 8 号）和 1 个墓碑倒塌、身份不明的建筑。中轴线略有弯曲，包括 1 个大石圈和 3 个身份不明的遗址。最西边的轴线上有 5 个遗址：1 个碎石圈（15 号），1 个被北端的一棵树破坏的石冢（9 号），以及 3 个身份不明的建筑。墓地中的 9 个建筑被大规模开掘，考古勘查总面积为 900 平方米（图 5.2）。

第五章 三级遗址：桑蒂乌—恩加耶纳墓葬群

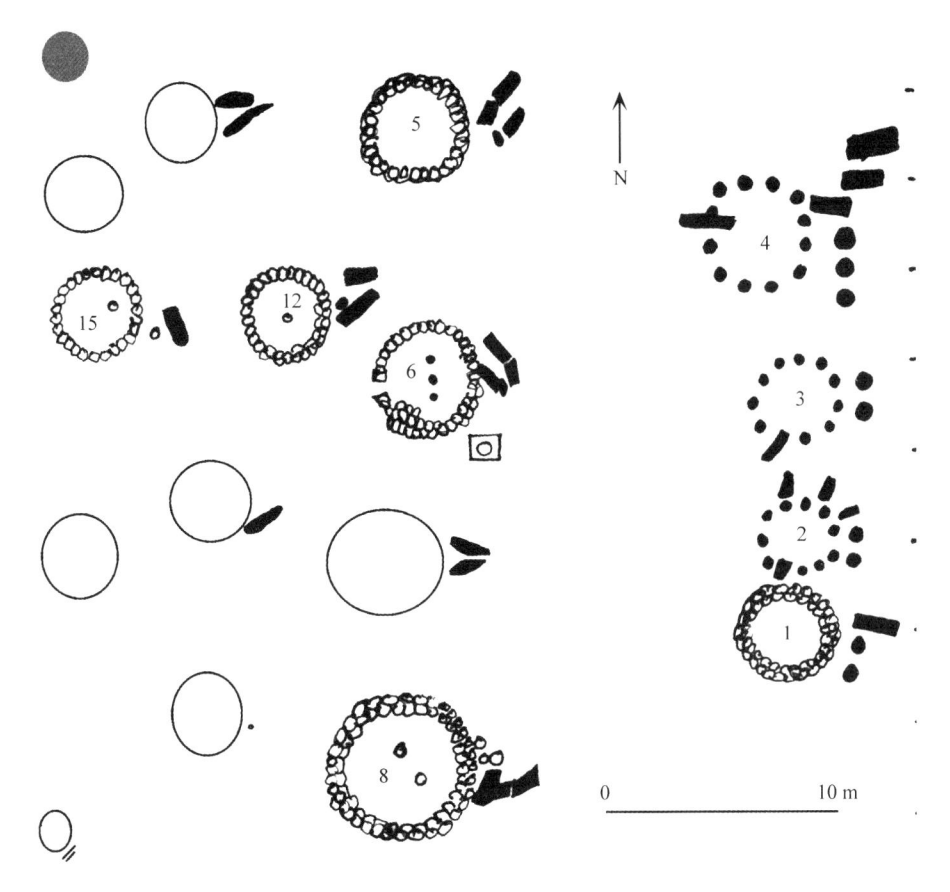

图 5.1 桑蒂乌—恩加耶纳墓葬群

（说明：除标注序号之外，其他均为未发掘或状况不明）

一 发掘的墓冢

发掘的墓冢主要集中在墓地的东部和北部，位于南部的 6 号则是个例外。

4 处被发掘的墓冢，即 1 个碎石圈（1 号）和 3 个巨石圈（2 号、3 号和 4 号）构成了东部轴线。该轴线南北延伸约 30 米，平均宽度为 10 米。

099

图 5.2 桑蒂乌—恩加耶纳墓葬群：从西北角度拍摄的挖掘场景

1.1 号遗址

1号遗址位于东轴线的南端，是一个直径为6米的大碎石圈。它有3个墓碑，周边用双排红土块砌成（图5.3）。通过圈外0.40米深度和圈内0.70米深度的发掘，发现了7件祭器，其中4件在墓碑区域，3件在石圈内。1号似乎是一个临时性的墓葬，人类遗骸会从这里被采集到其他地方进行最后的安葬。该墓葬可能被使用过不止一次，但现有的实证数据难以支持这一观点。

2.2 号遗址

2号遗址在1号以北不到1米处。它是一个直径为4.5米的巨石圈，

图 5.3　1 号遗址及其墓碑

由 16 块巨石和 2 块墓碑组成。该遗址整体保存状况很差。圈内 3 块巨石已经断成两截，另有 3 块巨石已经倒塌。

墓碑区域的挖掘深度至 0.60 米，在这里发现了 28 件祭器，令人印象深刻（图 5.4）。它们分为被叠置的 3 组，第 3 组，即最后一组的数量是最多的。

石圈内部的空间被全部挖掘，深度至 1.60 米。这是一个接近圆形的人类遗骸集中堆积区，直径 2 米、厚 0.60 米（图 5.5）。骨堆严重偏离中心，贴近石圈北部边缘。骨堆的形成可分为三个阶段：最初的一层是在地下 1.45—1.6 米深的底部，第二层在地下 1.25—1.45 米深处，第三层在地下 1—1.2 米深处。

图 5.4　桑蒂乌—恩加耶纳墓葬群 2 号遗址的墓碑区域

图 5.5　2 号墓葬骨堆顶部视图

值得一提的是，第一阶段的人类遗骸堆积是一个单人的初次埋葬。总的来说，根据头骨的数量，2 号墓葬至少包含 26 个人的遗骸。置放祭器和堆积遗骸这二者之间的完美呼应并不只是一个巧合。相反，它反映了埋葬和某些仪式风俗的完美同步。

3. 3 号遗址

3 号遗址位于 2 号以北 3 米处。它是一个直径为 5 米的巨石圈，由 10 多个四角形截面的粗短巨石构成，彼此间基本等距。两块墓碑相对较大，位于圆环东侧，相隔为 1—1.20 米。墓碑区域挖掘到 0.50 米深处，圆环挖掘到 2 米深处。

墓碑区域包含一个由 30 个祭器组成的大型沉积物，沿东侧边排列（图 5.6），位于墓碑和圆环巨石之间。遗址的内部进行了完整的挖掘。

图 5.6　桑蒂乌—恩加耶纳墓葬群 3 号墓葬墓碑区域

在 1 米深处发现了一个陆龟壳（Centrochelys Suicata，苏卡达陆龟），位于堆积的人类遗骸上方约 20 厘米处。这种龟壳是有意放在那里的，还是纯属巧合？这种非洲龟会挖掘土壤以到达潮湿的地层，在那里度过一天中最热的时刻。洞穴中的死龟壳很可能会出现在考古学的沉积物中。然而在这种情况下，动物的整个骨架会保存下来。但在 3 号遗址中只发现了龟壳，没有任何与之相关的龟骨，因此它是人为放上去的。

出土的人类遗骸堆积物呈长方形，长 1.5 米，宽 1.1 米，厚 0.80 米。它总共包含了 432 块人骨，分为三个明显的层次。最初的一层深度为地下 1.8—2 米，中间层在地下 1.6—1.7 米深处，最后一层在地下 1.2—1.5 米深处。除了二次埋葬的遗骸之外，最后一层还包含一个双人初次埋葬遗骸（图 5.7）。

图 5.7　桑蒂乌—恩加耶纳墓葬群 3 号墓葬

第五章 三级遗址：桑蒂乌—恩加耶纳墓葬群

综上所述，3号墓葬与2号的情况一样，也包括了初次和二次墓葬的组合。但3号墓葬中，双人的初次埋葬是在沉积序列的顶部。这是两个同时埋葬的年轻成年女性，年龄为20—30岁。

4. 4号遗址

位于东轴线北端的4号是一个土冢和巨石圈的组合（图5.8）。这是一处直径5米的石圈，由13块横截面为四方形的巨石和6块巨大的墓碑组成。石圈的一块巨石已经倒塌。土冢墓顶平缓，高约1米。

图 5.8　桑蒂乌—恩加耶纳墓葬群4号墓葬

石圈外的挖掘达到地下0.50米的深度。在4号遗址的墓碑区域没有任何发现。石圈的内部空间被挖掘到1.40米深，但没有达到贫瘠层。事实上，4号遗址呈现了完全不同的人类遗骸堆积方式。发掘出来的骸骨总数达 153 个解剖单元，集中在石圈的西南扇形坑。它们分为 3 个连续的沉积期，密度相对不高（图 5.9）。最早的沉积物在地下 1.40 米深处，第二阶段在地下 1—1.20 米深处，第三个也是最后一个阶段在地下 0.60 米深处。随后，一系列祭器在土冢建造之前，被堆放在石圈东部和东北部。

图 5.9　桑蒂乌—恩加耶纳墓葬群 4 号墓葬

综上所述，与前面两个巨石圈不同，4 号专门用于二次埋葬。此外，对 2 号和 3 号的发掘表明，人类遗骸是在 3 个连续的阶段中沉积的，但是规模都很有限。尽管有一些细微的差别，2 号、3 号和 4 号巨石圈的墓葬程序几乎相同。4 号墓葬中完全没有金属物品。祭品更多地放在石圈内，而不是放在墓碑区域。

5.5 号遗址

5 号遗址位于墓地的中北部，在 4 号遗址西北方向约 20 米处，是一个直径为 5 米的碎石圈，部分被牛群踩踏损坏。位于其东侧 1.5 米处的 2 块细长圆柱形墓碑已经断裂和倒塌（图 5.10）。北面的墓碑向北倒塌，断成 2 块，长度分别为 0.75 米和 1 米。南面的墓碑根部尚在，其倒塌部分长 1 米。

图 5.10 桑蒂乌—恩加耶纳墓葬群 5 号遗址及其墓碑

5 号墓葬被挖掘至地下 0.60 米深，在墓碑区域集中出土了 11 件祭器、零星的人类遗骸以及一个位于石圈中心的倒扣陶罐。

位于地下 0.20—0.60 米深处的人类遗骸被分为 3 组，分别位于圈内的东南、西南和西北扇形坑。东南组包括一个受损的成人遗骸。骨盆、椎骨、肋骨、肱骨、桡骨、尺骨和上颌骨都没有。此人最初以右侧卧位埋葬，身体为东北—西南走向，面向西北，双腿弯曲。尽管保存状况很差，头骨的轮廓、肱骨的碎片、两根股骨和胫骨、腓骨仍然可以看到。在这些人类遗骸中还发现了一枚铜合金戒指。

西北组的规模要大得多。它分布在西—东 1.5 米和北—南 1.7 米的范围内，包含在地下 0.30—0.40 米深度发掘出的 41 块骨头。在沉积物的顶部发现了 4 块长骨和 5 个头骨，它们覆盖在一簇小长骨和另一个头骨之上。对这个墓葬的解释具有难度。现有数据可以通过两种互相对立但都说得通的方式进行解释。第一种解释是，几具遗骸的部分骨骸被挑选出来移走，剩余的骨骸则被安放在 5 号墓葬的西北扇形坑。第二种解释是，这里是一个临时墓葬，部分骨骸被挑选出来埋葬到其他地方了，遗留下了所发掘出来的骨骸。到底是哪一种情况已然不可考。

西南组发掘到地下 0.20—0.40 米深处。几小堆骨骸分布在西—东 1.30 米和北—南 0.90 米范围内，但是距离骨骸集中区 1 米处有 1 个头骨。骨骸集中区位于墓地的东侧，只包括北南向放置的一些长骨。这个墓地和西北组一样令人费解。

尽管有一定程度的不确定性，但 5 号墓葬可能是一个临时性墓葬，或是最终的二次埋葬。第一种解释是，一些骨骸被移走，并被拿去用于二次埋葬的第二阶段，剩下的残缺骨骸则被留在遗址中。第二种解释是，从其他地方取来的骨骸被组合在一起，埋在这个大碎石圈中。

6.6 号遗址

6 号墓葬位于墓葬群的中心位置。它的直径为 11 米，在同类遗址中是独一无二的。它有一个高 0.80—1 米、由 3 排红土砖砌成的围墙（图 5.11）。它的两块墓碑碎成了 6 块，分布在遗址的东侧。挖掘工作覆

第五章　三级遗址：桑蒂乌—恩加耶纳墓葬群

盖遗址内外，深度为地下 0.50—1 米。出土物包括 3 堆祭器和一些人骨，一些石圈本身的建造细节也被发现。

图 5.11　桑蒂乌—恩加耶纳墓葬群 6 号遗址

墓碑区域的祭祀器皿位于地下 0.10—0.30 米深的地方，毗邻长 1.6 米、宽 0.60 米的围墙。约有 11 件器皿，分成两组叠加排列，保存状态很差，破碎严重。在深度为地下 0.20—0.30 米的下层和起始层中，有 5 件沿南北轴线排列的器皿。在深度为地下 0.10—0.20 米的上层，有 6 件被压得很碎的器皿，同样沿南北轴线排列。

第二批祭祀器皿是在遗址的西北侧出土的，深度为地下 1 米，其中有 6 个大碗，分两行与围墙平行排列。最后，第三批的 3 个器皿位于遗址的中心，也是在地下 1 米深处，同样沿南北轴线排列。

在石圈内发现了两组人类遗骸。南边的一组与围墙相邻，由一个成人头骨和3根长骨组成。西北边的一组也包含1个头骨和2根成人长骨。这两组都没有初次埋葬后受到干扰的迹象，同属于二次埋葬。

6号的一些建筑特征是独特的。它的西侧有一个2.5米宽的开口（图5.11）。这个开口的北侧随后被一系列大红土块封住，只留下一个1米宽的开口。此外，围墙西南部内侧和外侧都用圆形大红土块进行了加固。

6号在桑蒂乌—恩加耶纳墓葬群具有特殊功能，一个补充性遗存物可以证明这一点。这是一个圆底直沿的大型储物罐，被倒扣着埋在6号遗址的墓碑以南6米处。这个器皿在各方面都与恩加耶纳2号遗址的3号和22号墓葬的器皿相同。它的开口处直径为50厘米，高度为60厘米，壁厚为1.2厘米，全身用滚印纹装饰。位于墓地中心的6号应该是专门用于葬礼的仪式场地的一部分。

7. 8号遗址

8号遗址位于墓地的南部，在6号以南约15米处。位于6号和8号之间的7号有2个倒塌的墓碑，该墓葬未被挖掘。8号是一个直径6米的大碎石圈，其东侧有2个倒塌的墓碑（图5.12）。墓碑的根部清晰可见，倒塌的部分长度为1—1.10米。围墙由2—3层红土块建成，土块厚度为0.30—0.50米。

8号遗址周围的取样区域面积为120平方米，东西长12米，南北长10米。发掘深度为石圈外地下0.30—0.40米，石圈内地下0.60米。在南半部发现了零星的人类遗骸和1块铜合金戒指的碎片，在墓碑区域有7个祭祀器皿，在墓葬中央0.60米深处发现了一个倒扣的器皿。

综上所述，由于有一些零星的人类遗骸，8号似乎是一个临时性的埋葬场所，属于二次埋葬的第一阶段。

第五章 三级遗址：桑蒂乌—恩加耶纳墓葬群

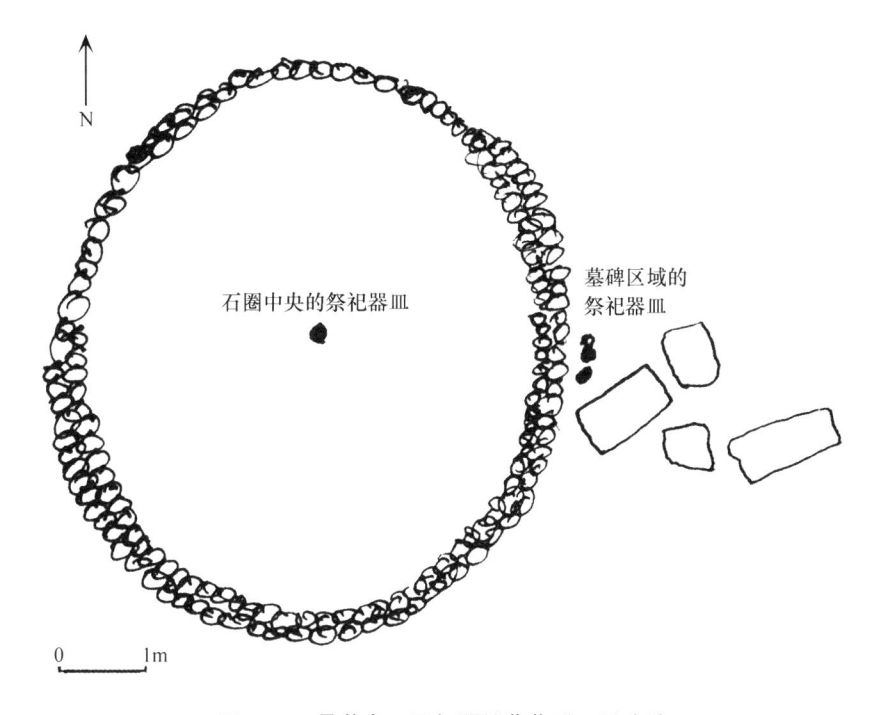

图 5.12 桑蒂乌—恩加耶纳墓葬群 8 号遗址

8. 9 号遗址

9 号遗址位于墓地的西北角。这是一个石冢，由于树木生长和牛群的践踏而受到严重损坏。在墓葬的南半部，保留了红土块穹顶的一小部分。这是一个近圆形的建筑，直径最多为 5.5 米。它的两块墓碑位于石圈东侧 2.5 米处，为细长圆柱形，长度分别为 0.36 米和 0.91 米，直径分别为 0.25 米和 0.32 米，已经断裂和倒塌。

9. 12 号遗址

12 号遗址位于墓地中部，6 号遗址西北方向 5 米处。它是一个直径 6 米的大石圈，还围着 3 排红土块围墙（图 5.13）。它的两块墓碑位于东

111

侧，已经断裂和倒塌。墓碑为细长圆柱形，直径 0.40—0.45 米，长度 1—1.25 米。

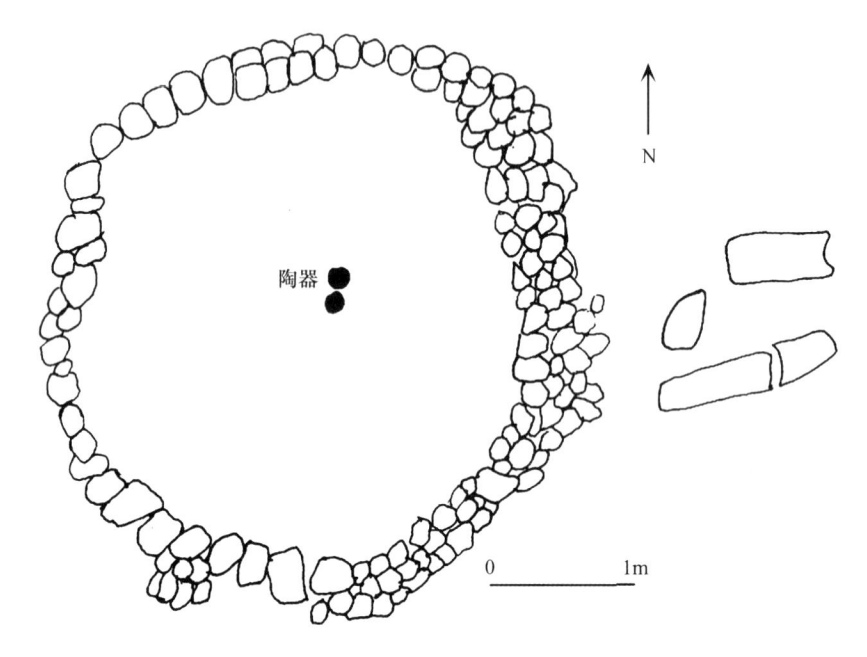

图 5.13　桑蒂乌—恩加耶纳墓葬群 12 号遗址

石圈内外的挖掘深度均为地下 0.50 米。挖掘过程中未发现人骨存在的迹象。12 号遗址在建造完成后似乎没有被使用过。尽管不太可能，但也可以想象，埋在这个临时埋葬点的所有人骨可能都被收集取走了。

10. 15 号遗址

15 号遗址位于墓葬群最西边，在 12 号遗址以西约 10 米处。它是一个直径 5 米的碎石圈，周围有一圈红土块环绕，东面 2.5 米处有 1 个倒塌的墓碑（图 5.14）。在地下 0.50 米的挖掘深度发现了两件被压碎的祭器：一件在墓碑区域，另一件在遗址的东北扇形区。与 12 号的情况一样，15

第五章　三级遗址：桑蒂乌—恩加耶纳墓葬群

号也完全没有人类遗骸。对12号的判断也同样适用于15号。

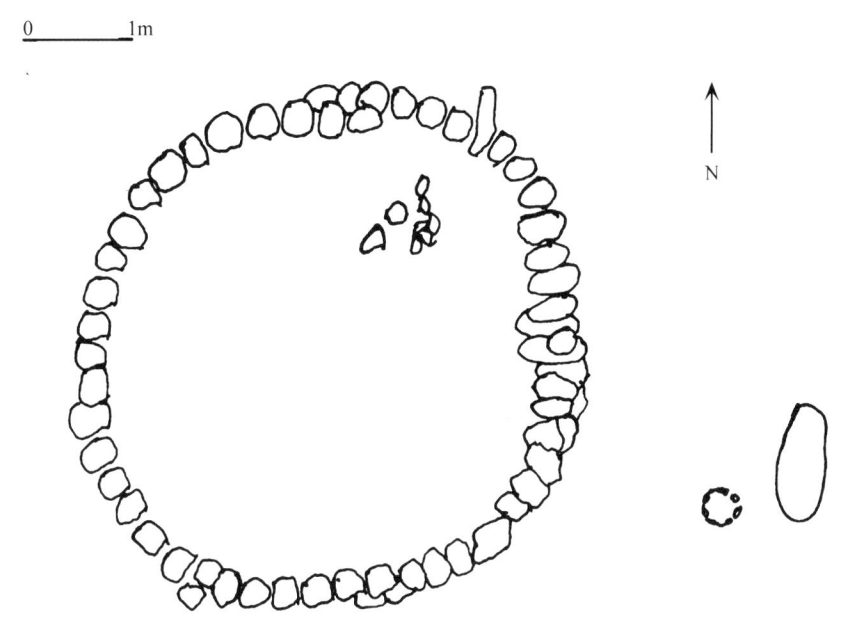

图5.14　桑蒂乌—恩加耶纳墓葬群15号墓葬

11. 小结

桑蒂乌—恩加耶纳墓葬群在小宝伯隆河流域的最东部，离河的源头不远。18座遗址中已经发掘9座，使我们得以了解墓地空间的特点。

遗址建筑分为三类：3个巨石圈（2号、3号和4号），其中一个为混合型，与一个土冢相结合；6个碎石圈（1号、5号、6号、8号、12号和15号），1个石冢；7个身份未确定的类似碎石圈的遗址。

3个巨石圈的直径为4.5—5米。它们由10—15块形状大小不一的巨石建成，并有2—5块大墓碑。所发现的考古沉积序列有1.4—2米厚，完全没有陶罐碎片。2号和3号遗址的墓碑区域有大量祭祀器皿，4号遗址内器皿较少。

3个巨石圈呈现三个连续的墓葬阶段，遗憾的是，在目前的研究状况下，这些墓葬都没能进行年代测定。2号的初始阶段是简单的初次墓葬和二次墓葬的结合，然后是第二和第三阶段的二次合葬。3号的第一和第二阶段是二次合葬，第三阶段是初次墓葬和二次墓葬的结合。最后，4号也呈现三个阶段，都完全是二次墓葬。除了建筑上有简单的相似性，每个巨石圈在殡葬程序上都是独特和唯一的。

所发掘的碎石圈直径为5—10米，有1—3块墓碑。考古沉积物的厚度从0.30到0.80米不等。所有遗址都含有大量的祭器，分布在墓碑区域或石圈内部。

1号、5号、6号、8号和15号在其各自的墓碑区域有1个（15号）至11个（5号和6号）祭器。在石圈内发现了1—3个器皿，通常在中心位置。这些不同的考古指标无疑都指向固定的仪式习俗。

除了6号（可能还有5号），其他石圈似乎在不同程度上发挥了临时埋葬地的作用，用在选择、收集和转移二次合葬的全部或部分骨骸之前。内含人类遗骸的5号和8号肯定被使用过。12号和15号已经建成，但似乎并没有被使用过。

6号所处的中心位置、建筑特点以及相关的考古资料都表明，它在桑蒂乌—恩加耶纳墓葬群的组织中发挥了特殊的作用。它的直径为10米，建有0.80—1米高的围墙，有一个出入口门槛。它有3组祭器，第一组在墓碑区域，第二组在外围墙的西北方向，第三组在中心位置，南北轴线上。它包含两小堆人类遗骸，在东南侧有一个倒置的大坛子。6号很可能是位于墓地中心的典礼和仪式建筑群的一部分。

总之，在桑蒂乌—恩加耶纳墓葬群中，只有巨石圈是用来最终合葬逝者的。6号应该是用于组织殡葬仪式和典礼的。其余的石圈则用于临时墓葬。桑蒂乌—恩加耶纳墓葬群看来在小宝伯隆河流域的社会和仪式景观中发挥了特殊的作用。这种作用可能基于其靠近河流源头的位置，河流是水和资源的提供者，简而言之，具有孕育滋养生命的作用。小宝伯隆河流域各村庄的成员去世后，很可能一开始被埋葬在桑蒂乌—恩加耶纳的临时埋葬地。这是一个漫长而讲究的墓葬程序的第一阶段，很可能持续数年，其间伴随着密集而隆重的仪式。祖先所拥有的尊贵地位正是从这里开启了第一步。

二　总结分析：埋葬逝者、标记空间和生产祖先

到底是什么引发和支撑了塞内冈比亚巨石圈传统扩张的过程？这个问题迄今为止还没有得到严格的全面研究。可以假设认为，小农业群落（农民、牧民、猎人和渔民）在具有良好农业潜力和密集水网的地区开疆拓土，对巨石现象的诞生和常规化起到了重要作用。这些新的习俗会不会通过被效仿和借用逐步传播开来？还是通过人口迁移实现了传播？或者说，会不会有一个"借用—效仿"和"人口扩散"的多元组合？一个简单而基本的问题就是：为什么巨石文化会在塞内冈比亚出现？

研究上述问题可以采用两种模型。总的来说，全新世晚期的特点是在整个北非—热带非洲日益干旱的大背景下，发生了重要的气候变化（Faure and Williams，1980；Holl，2009；Lezine，1989；Maley，2011）。随后，西非经历了牧民和农牧民的大规模迁移，他们在蒂勒姆西河谷（Tilemsi，马里）、埃加泽尔河盆地（l'Eghazzer，尼日尔）和达尔—蒂奇特—瓦拉塔—内马（Dhar-Tichitt-Walata-Nema，毛里塔尼亚）定居。塞内冈比亚在冈比亚河和萨卢姆河之间的部分出现定居点，应该是在这种气候背景下发生的。

1. 模型和假设

第一个模型是基于"两河之间"出现定居点之后的人口动态变化。定居地优先沿着河流建立,以便利用农业和畜牧业所需的肥沃土地、咸水河的盐、水产资源以及作为铁矿资源的黏土和红土。差异化的人口增长对一些人有利,对另一些人则不利,造成了当地群落之间的不平衡。发展速度加快的群体不断扩张,在新的土地进行殖民,并建立文化机制来占有新的领土。墓葬习俗在这样的背景下发展起来,在巨石圈建筑的建造中达到巅峰。

第二个模型是基于相反的情况。按照这种观点,"两河之间"的土地被农民、牧民、猎人和渔民等小群落所占据,这些群落的定居点之间的距离差不多相等。全新世晚期的环境危机和气候恶化(校正测定约公元前3500年)一开始导致了人口沿主要河流聚居,随之出现了领土标记机制,即巨石文化。这些新的习俗随后通过模仿或人口迁移传播到各支流沿岸和"两河之间"的整个水文网络中。

在小宝伯隆河流域的十几次考古活动中获得的数据将被用来验证上述两个模型的有效性。经过连续的密集考古勘查,在研究区域发现了55个墓地、数百个小型定居点、一些巨石采石场和一个炼铁场遗址。其中位于研究区域东部的西内—恩加耶纳、恩加耶纳2号遗址和桑蒂乌—恩加耶纳这三个墓地被选中进行进一步挖掘。被选中挖掘的地方须同时满足规模和位置两个标准。西内—恩加耶纳是一个一级遗址,有52个巨石圈和116个墓冢,占地50多公顷。它的面积最大,而且处于中心位置,并与一个采石场相关联,最初是由提尔曼斯等人挖掘(1980年)。恩加耶纳2号遗址是一个二级遗址,位于西内—恩加耶纳以东5千米,在恩加耶纳—萨巴克的西边缘。它是一个考古综合体,其中占地1.75公顷、

第五章　三级遗址：桑蒂乌—恩加耶纳墓葬群

有 42 个遗址的墓地被完整地挖掘出来，此外还有一个定居地、一个炼铁场遗址和两个巨石开采场。最后是桑蒂乌—恩加耶纳，这是一个三级遗址，位于恩加耶纳 2 号遗址以东 5 千米的小宝伯隆河源头附近。它占地 0.22 公顷，有 18 个遗址，其中 9 个已经被挖掘。所选遗址的地理分布和等级划分使我们有可能探索当地的真实情况和巨石传统在时空中的定位。

表 5.1　　　　　　　　　小宝伯隆河流域巨石圈年代

遗址	石圈	年代
恩加耶纳 2 号	25 号遗址	公元前 1360—1200 年
	29 号遗址	公元 720—900 年
	26 号遗址	公元 1170—1260 年
	28 号遗址	公元 1300—1400 年
	定居点	公元 1310—1410 年
西内—恩加耶纳	西内 T-01 号遗址	公元前 990—850 年
	西内 T-02 号遗址	公元 650—750 年
	25 号遗址	公元 1000—1100 年
	27 号遗址	公元 700—1450 年
	仪式场地	公元 1306—1400 年

整个小宝伯隆盆地现有的年代学数据仍然非常片面，解读和诠释比较困难（表 5.1）。然而，它们还是提供了一些有待在未来的研究中可以评估的指标。恩加耶纳 2 号遗址和西内—恩加耶纳墓地可以追溯到公元前二千纪末和前一千纪初，处于一个可以被称为"前巨石时代"的阶段。人类群落在景观的不同位置上定居，优先选择在河流附近，并建起进行单人和多人的一次埋葬的土冢，土冢周围有时有低矮石墙或大碎石圈。从这些最初的"锚点"中的一部分开始，集水区空间被逐步占领。如提埃科纳—布萨拉（Tiekene-Boussoura）的考古数据所示，巨石圈的建造

117

在公元前一千纪末,即公元前 200—150 年发展起来(Thilmans et al., 1980)。墓葬风俗的多元化经历了数个世纪的缓慢发展,并在公元一千纪的后半段加速发展(表 5.1)。单人和多人一次埋葬的情况仍然很普遍。此外,还有在大石圈、石冢和巨石圈进行二次埋葬的做法,埋葬人数不等。二次埋葬需要一个临时埋葬阶段。部分建筑,主要是在恩加耶纳 2 号遗址和桑蒂乌—恩加耶纳已发掘的大碎石圈,在地区文化和象征空间中发挥了临时墓葬的作用。在公元二千纪的前半期,巨石圈墓葬方式在小宝伯隆河盆地占据了主导地位。当时,二次合葬在很大程度上成为主流,伴随着单人或双人的一次埋葬。在研究的这三个墓地的发展过程中,还伴随着仪式场地的建立。

2. 墓葬程序和祖先的"生产"

对小宝伯隆河盆地巨石建造者们所设计的墓葬程序进行研究具有架构性的意义,其所依据的是现有可用的考古数据。墓葬程序的设计就像是一个剧本。它是生者群体在逝者身体上和身体周围进行的物质和非物质行为的标准化程序。这些表演性行为可以细分为三个主要的连贯程序:首先是葬礼,作为过渡礼仪的最后一项,确保死者离开他或她的尘世生活,进入下一个生活阶段;其次,葬礼结束时,逝者被葬入墓地这个神圣空间中的不同墓葬结构内,有些墓葬结构非常考究;第三,维护墓葬的仪式,如供品、奠酒、坟墓维护等,这些仪式依据一个长期的日程进行,旨在取悦逝者,更新社会联系,祈求逝者保佑生者群落。

单次、小规模的二次墓葬(1—7 人)最为常见,在恩加耶纳 2 号遗址的 1 号、4 号、5 号、6 号、7 号、8 号、9 号、12 号、16 号、18 号、21 号、30 号和 32 号遗址,这是唯一的埋葬方式。小规模的二次墓葬在同一墓地多次进行的案例只有一个,即恩加耶纳 2 号遗址的 23 号墓葬——一个埋有两层人类遗骸的巨石圈。中等规模的二次埋葬（8—20 人）有三个案例，其中单次埋葬的是恩加耶纳 2 号遗址的 17 号墓葬，多次埋葬的是西内—恩加耶纳的西内 52 号巨石圈和桑蒂乌—恩加耶纳的 4 号遗址。大规模的二次埋葬（超过 21 人）只出现在巨石圈中，恩加耶纳 2 号遗址的 26、27 和 28 号墓葬为单次埋葬，西内—恩加耶纳的西内 27 号遗址和恩加耶纳 2 号遗址的 31 号墓葬为多次埋葬。初次和二次埋葬兼有的情况只发生在巨石圈内。恩加耶纳 2 号遗址的 29 号墓葬是单次埋葬的典型案例。桑蒂乌—恩加耶纳的 2 号和 3 号遗址是多次埋葬的典型案例。

在塞内冈比亚巨石区的不同墓地中，都发现了初次和二次墓葬多次进行的情况，导致了人类遗骸的叠加。这一现象有时被解释为活人祭祀的风俗或陪葬风俗（Gallay et al., 1982；Gallay, 2006；Thilmans et al., 1980）。根据这种对数据的解读，任何叠加人类遗骸的情况都归于统治关系。死去的统治者最初会被埋在墓穴的底层。这些埋葬层被填埋，并由沉积物保护。而处于从属或被奴役地位的人会被杀死（献祭）并被埋在统治者即墓葬的"合法主人"之上，然后坟墓就会被一次性填埋到位。

来自小宝伯隆河盆地墓地的更庞大、更丰富、更多样的数据，使我们得以更好地了解墓葬习俗的变化和微妙之处（Holl and Bocoum, 2006, 2013, 2017；Holl et al., 2007）。二次墓葬的叠加，以及一次、二次墓葬的组合是常态，很难说是统治/被统治的关系。二次墓葬的强度、丰富的象征意义和盛大的仪式与这种不可靠的解读不相符合。在某些遗址中，主要是在巨石圈中，数十个成年个体的遗骸集中在一起，这需要一个解释。在目前的情况下，虽然无法证实，但最合理的假设是"生产祖先"。在尘世生活结束时，分散的各群落中有资格的成员在同一个坟墓中聚集，以尊享生者的供奉。

第二部分

巨石圈空间的西翼和东翼

巨石圈区域从西向东延伸约300千米。位于其西侧的萨卢姆河三角洲，在某种程度上是其向西的延伸。巴萨里和贝迪克地区则位于富塔—贾隆高原北麓，构成巨石圈区域的东翼。重要的时间重叠表明，这三个地区在某一段时期内是平行发展的。

根据目前的研究成果，该地区人类存在的最古老痕迹可以追溯到公元前一千纪中期的萨卢姆河三角洲。巨石圈中出现的海洋贝壳和三角洲出现的盖口有基座以便于封口的罐子，证明这两个了不起的文化群体之间存在货物交换，可能还有人员交流。

我们对巴萨里和贝迪克地区的考古潜力进行了评估。废弃的大村庄的遗址和已经挖掘出来的岩穴和洞窟，将该地区的人类定居时间定位在过去的2000年。而巨石圈现象则跨越了近3000年的时段，从公元前二千纪中期到公元二千纪中期。

萨卢姆河三角洲以及巴萨里和贝迪克地区的丘陵呈现文化景观建设的不同形式。在萨卢姆河三角洲，很可能来自大陆的人类群落逐渐定居在一个水文密集的环境中，他们调整了生活方式以适应当地环境，并最终以贝丘和墓地的形式，给这个空间留下了鲜明的印迹。关于萨卢姆河三角洲的章节将详细讨论这一过程。

巴萨里和贝迪克地区所在的富塔—贾隆高原北部是一个具有崎岖地貌的大陆环境。勘查显示，随着时间的推移，大自然和定居地发生了重大变化。往常位于山坡高处的大村庄都被放弃了。随后，定居点形式变为小家庭村落，散布在田野附近的山谷中。岩石高地中充满了由坑道连接的地下室，在该地区近代史中，它们一直是用于避难和自保的场所。这无疑是一种因为抵抗活动而形成的景观。关于这方面的研究才刚刚开始，但已经出现了一些有意思的趋势。关于巴萨里和贝迪克的简短章节将就此进行探讨。

第六章
萨卢姆河三角洲

萨卢姆河口位于北部的约阿勒河（Joal）和南部的冈比亚河之间，是一个独特的红树林环境，拥有稠密的水网和潮汐通道（图6.1）。严格意义上的三角洲位于北纬13°40′—14°20′。约4000年前，萨卢姆河口本是一个敞开的海湾，后逐渐被河流沉积物填满，目前的地貌构造是在距今2000年至1500年之间逐步形成的（Azzoug et al., 2012）。最近一个侵蚀而发生地貌变化的阶段距今1500年至600年。构成三角洲特色景观的红树林主要由3个物种组成：美洲红树（Rhizophora Mangle）、丛黑红树（Avicennisa Nitida）和数量较少的总花红树（Rhizophora Racemosa）（图6.2）。猴面包树（Adansonia Digitata）笼罩着贝丘和古今村庄（图6.3），有些地方还有油棕榈树（Elaeis Guineensis）。草本地层由不同的物种带组成，具体物种取决于土壤盐分含量。"边缘有喜盐植物（Sesuriuma），含盐量低的沙质土壤上生长着很多须芒草（Andropogonees）。红树林下的土壤主要是酸性硫酸盐土壤，其酸化的原因是硫化物的氧化。"（Leprun et al., 1976：14）

图 6.1 萨卢姆河三角洲的航拍景色

(图片来源：Wikimédia Commons，USGS)

图 6.2 一条河道及周边红树林景色

图6.3 迪奥罗姆—本道（Diorom Boundaw）贝丘上生长的一棵猴面包树

萨卢姆河三角洲面积为2500多平方千米，有3条主要支流，即北部的萨卢姆河、中部的迪翁波斯河（Diombos）和东部的班迪亚拉河（Bandiala）。三者通过一个极其密集而相互通连的河道网络相连。三角洲有两个大的岛屿群，被迪翁波斯河分开，西北的甘杜勒岛群（Gandoul）和东南的贝坦提岛群（Betanti），迪翁波斯河中还有两个小岛群：古克（Gouk）小岛群和普塔克（Poutak）小岛群。

现在人们仍然在捕捞蚶和牡蛎，但比过去的规模要小（Descamps，1989，1994；Mbow，1997）。贝丘造就了萨卢姆河三角洲特性，它们中有一部分是非常壮观的，周边远近地区都无法与之媲美。这也间接说明了这里有极其丰富的生物物种，是一个生物多样性的宝藏，其中部分地区已经被划为萨卢姆河三角洲国家公园（图6.4）。

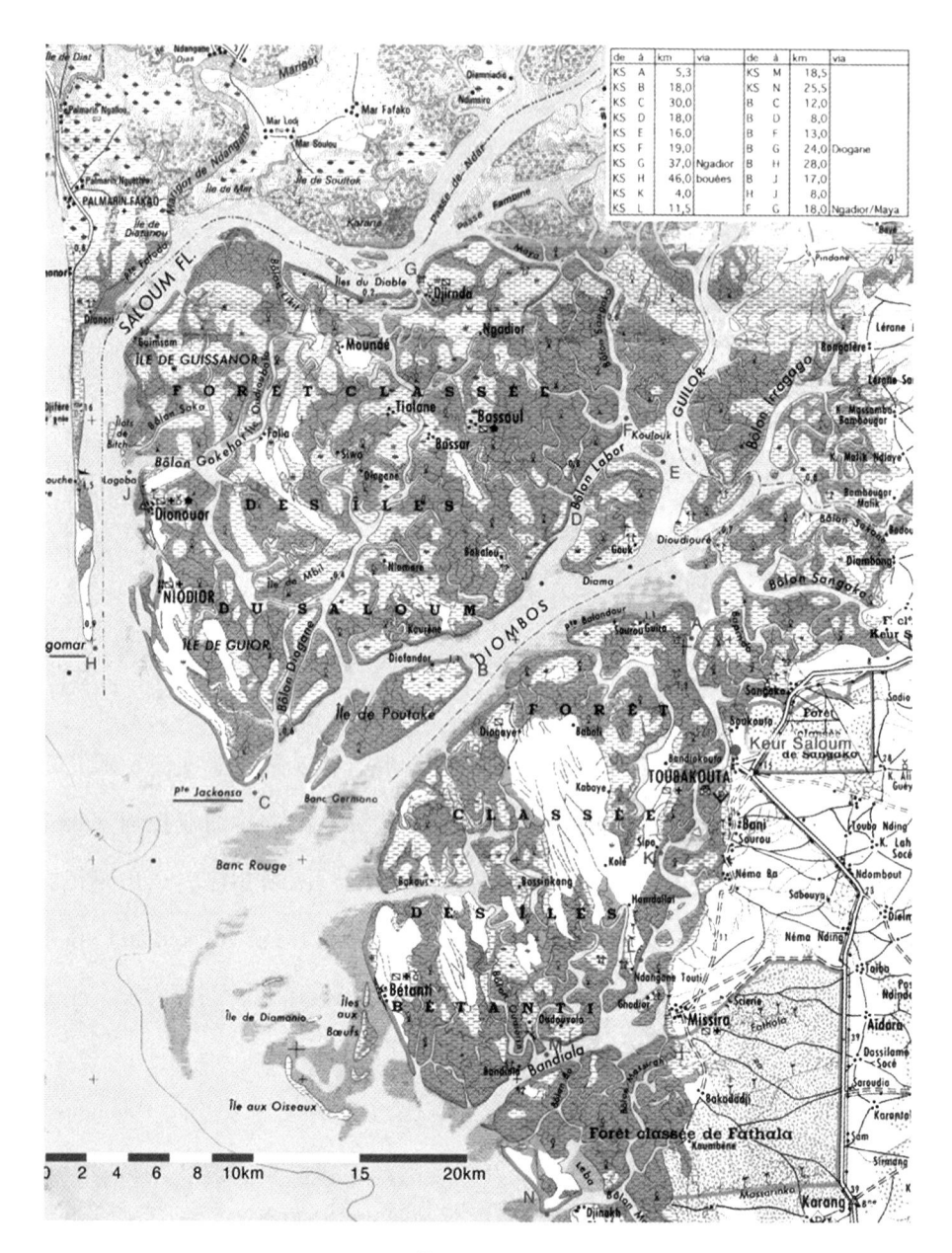

图 6.4　萨卢姆河三角洲地图
（说明：为方便读者按图索骥，根据作者建议，本图保留了原文地名）
（图片来源：IGN）

一 现居人口的历史传统

萨卢姆河三角洲现居人口的祖先随着谢列尔人（Sereer）和索塞人（Sosé）的扩张于公元13—14世纪迁居至此。在萨卢姆河地区所有的岛屿上，历史传统依然得到了很好的保留。村长，即每一谱系的长者，是各岛和沿海地区几乎所有村庄起源故事的保存者。葡萄牙航海家们在对非洲海岸进行系统勘探时曾经到萨卢姆岛群。当时的记录人员费尔南德斯（V. Fernandes）曾提到了对软体动物的大量开发，他在1507年报告中称，这些贝类的肉不仅用于当地消费，并且在晒干后坛装，长途运送往内陆进行贸易（Descamps and Thilmans, 1979: 83）。口述史证实了这一情况，并指出，"与大陆的贸易一直持续，涉及鱼类、干贝以及布料"（Martin and Becker, 1979: 730）。

民族史和口述历史对过去5个世纪中萨卢姆河三角洲的政治组织形式进行了相当准确的描述（Martin and Becker, 1979）。甘敦（Gandun），即今天的甘杜勒岛群，是萨洛姆（royaume du Saalum）王国下属的一个谢列尔人省份。索塞群岛，即今天的贝坦提岛群，曾隶属诺米王国（royaume de Nomi）。陆地省诺姆巴塔（Nombata）的人居时间相对较短，影响因素主要有二：宗教冲突和法国殖民入侵。

1. 甘杜勒岛群的村庄

马丁和贝克尔（Martin and Becker, 1979）收集了甘敦主要村庄的起源故事，包括迪奥纳瓦尔（Dionewar）、尼奥迪奥尔（Niodior）、尼吉恩达（Njirnda）、费里尔（Felir）、方比纳（Fambine）、迪亚姆格纳迪奥

（Diamgnadio）和法利亚（Falia）等村庄。

（1）迪奥尼瓦尔

迪奥尼瓦尔（图6.5）的建村故事特别有趣。它综合了萨卢姆群岛过去5个世纪历史的主要内容，围绕着两对夫妇的游历展开。一方面，由于连绵不断的战争，来自盖勒瓦尔（Guelwar）的恩贡丹（Ngondan）和他的兄弟塔克拉（Takra）被赶出了加布（Gaabu），寻找一处居所。另一方面，葡萄牙水手迪翁万（Dionwan）带着他的妻子和一些同伴，出发去寻找他的父亲。他的船偏移了方向，来到了塞内加尔，最后搁浅在桑戈马尔角（Sangomar）。恩贡丹和迪翁万这两位主角最终相遇。"恩贡丹于是告诉对方他的名字，并询问白人叫什么名字。白人回答说，他叫迪

图6.5 迪奥尼瓦尔景色

翁万。因此，新的村庄以这个外国人的名字命名。迪翁万在村里的一棵树上写下了自己的名字，后来这棵树被砍掉用来建房子。"（Martin and Becker，1979：732—3）

（2）尼奥迪奥尔和尼吉恩达

"尼奥迪奥尔"的意思是"这是我作为谢列尔人可以休息的地方"，由也是来自加布的班德·南博（Bande Nambo）建立，时间上显然要早于迪奥尼瓦尔。"尼吉恩达"，在当地谢列尔语中意为"愿他繁荣"，在甘敦历史上曾发挥了重要作用，它是法尔巴·恩敦（Farba Ndun）的住所，恩敦是由吉洛尔（Djilor）国王任命、萨洛姆国王认可的岛屿行政长官。"他负责收税，并把作为甘敦税收的猴面包树果实带到卡奥纳（Kahone）。"（Martin and Becker，1979：748）据说，尼吉恩达也是甘敦居民学习捕鱼和狩猎的地方。村庄的创始人们，方比纳的费里尔·恩格蒙德·萨尔（Felir Ngomunde Sarr）、迪姆格纳迪奥的比拉姆·卡莫伊·萨尔（Biram Kamoy Sarr）、维林加拉（Velingara）的尼朱姆·萨尔（Njum Sarr）、阿布（About）的马迪·博普（Madi Bop）、洛方斯（Rofance）的江·萨尔（Jan Sarr）、法亚科（Fayako）的瓦里·萨尔（Wali Sarr）和卡提·森（Kati Seen）等，都来自尼吉恩达。这些新的村庄是在19世纪的"宗教战争"之后建立的。

甘敦其余的村庄，巴萨尔（Bassar）、巴苏勒（Bassoul）、恩加迪奥尔（Ngadior）、蒙德（Mounde）、迪奥加纳（Diogane）、提亚拉纳（Tialane）和法利亚都是由来自不同地方的家庭建立起来的。但它们的共同点是（建村故事中）不断被提及的软体动物。"一个人穿过河道来到村里，但被牡蛎划伤了脚。血喷涌而出，这个人吸吮了自己流出的血，因此他在到达巴萨尔时说，'baasa'，意思是'我吸了'，这就是巴萨尔名字的起源。"（Martin and Becker，1979：752）在恩加迪奥尔、蒙德和迪奥加纳，贝丘是"祖先"或"先民"建造的（Martin and Becker, 1979：754—755）。

2. 贝坦提岛群的村庄

贝坦提岛群，谢列尔语称为"迪亚姆多"（Diamdor），又称索塞岛群。岛群使用了贝坦提村的名字，该村的创始人是一个名叫桑迪（Sandi）的谢列尔人。来自不同地方的人创建了博辛康村（Bosingkang）、西坡村（Sipo）、吉纳克—迪亚塔科村（Djinak Diatako）和吉纳克—巴拉村（Djinak Bara）。博辛康村的创始人卡萨姆·特宁·萨南（Kasam Tening Sanang）是米西拉（Missira）的索塞人。吉纳克—迪亚塔科村的创始人班科洛伊·松科（Bankoloy Sonko）来自东部的班基里（Bankiri）。而吉纳克巴拉村的创始人阿尔卡里·布卡尔·玛纳（Alkali Bukar Mane）来自更北边岛屿上的谢列尔人地区。

福德·卡拉莫（Fode Karamo）率领的贝坦提伊斯兰信徒试图通过武力传播伊斯兰教，因此对法利亚、尼奥迪奥尔、蒙德和提亚拉纳发动了远征。

通过武力传播伊斯兰教的企图遭到本地宗教信徒的拒绝，以及法国殖民海军的武力宣威，引发了当地大规模的移民潮和岛屿人口大规模的重组。"很快，诺姆巴托的第一批村庄就建立起来了。法国殖民探险活动以及岛屿的伊斯兰化是直接导火线。"（Martin and Becker, 1979：730—1）

新穆斯林和本地宗教信徒之间很难和平共处。后者不断受到改变信仰的压力，于是派人到戈雷岛报告他们受到穆斯林的骚扰。1867年，法国殖民当局派出海军护卫舰鳄鱼号（Crocodile）进行威慑。鳄鱼号轰炸了许多村庄，向迪奥尼瓦尔发射了12发炮弹。尼奥多尔也遭到了炮击，但没有受损。3枚炮弹击中了贝坦提村，也没有造成什么损失。

3. 诺姆巴托的村庄

鳄鱼号的轰炸引发了岛屿人口的大规模流动。诺姆巴托大部分村庄的建立，特别是米西拉、苏库塔（Soukouta）、图巴库塔（Toubakouta）、桑加科（Sangako）、梅迪纳—桑加科（Medina Sangako）、巴尼（Bani）、达西拉姆（Dassilame）、苏鲁（Sourou）、恩加迪奥尔—米西拉（Ngadior-Missira）、巴卡达吉（Bakadadji）等，都是鳄鱼号行动的直接结果。战后还建立了许多其他村庄，包括：内马—巴（Nema Ba）、内马—恩丁（Nema Nding）、恩多法内（Ndofane）、达西拉梅—索斯（Dassilame Sose）、班加雷尔（Bangalere）、平达纳—迪埃尔莫（Pindane Dielmo）、斯尔芒（Sirmang）、萨姆（Same）、艾达拉（Aidara）、卡兰塔拉（Karantara）、科尔—巴卡里—卡马拉（Keur Bakari Kamara）、科尔—拉伊纳—索塞（Keur Lahine Sose）、卡郎—索塞（Karang Sose）、玛姆达（Mahmouda）、萨鲁迪亚（Saroudia）、恩加迪奥尔—达亚姆（Ngadior Dayam）、恩杜姆布提（Ndoumbouthie）、桑塔姆巴（Santamba）、塔班丁（Tabanding）、费尔道西（Firdawsi）、梅迪纳—桑提（Medina Santhie）、萨博亚（Saboya）、台巴（Taiba）、达加—安苏（Daga Ansou）、姆布提里米（Mboutilimit）和图班丁（Toubanding）。

综上所述，口述历史提供的素材揭开了萨卢姆河三角洲经济社会历史的瑰丽篇章。然而，所有口述历史都未讲述贝丘的起源。萨卢姆河三角洲和周边地区已经发现并统计了数百个贝丘。"尽管这个问题已经被系统提出，但众多贝丘的起源仍然是模糊的，口述历史无法解决这个问题。"（Martin and Becker, 1979: 729）只有考古学能够帮助探索这种经济和社会现象的起源和主要特征。

二 软体动物的开发利用

在约阿勒—法迪乌地区（Joal-Fadiouth）、萨卢姆河三角洲和卡萨芒斯，开展了关于开发利用软体动物的研究（Descamps，1989，1994；Kantoussan，2006；Mbow，1997）。"事实主义"的方法——在某些情况下是民族考古学——是过去几十年来发展起来的调查方法。它建立在对具体文化实践的观察的基础上，以诠释考古现象。正确开展的民族考古学研究使我们能够了解贝丘的形成过程，并促进考古学角度的解释。在约阿勒—法迪乌、萨卢姆河口和甘杜勒岛屿的某些村庄，我们观察到了西非老蚶（Anadara senilis）的开采方法，特别是在法迪乌、米西拉、贝坦提、尼奥多尔、吉尔恩达、迪奥纳瓦尔、法利亚、迪奥加纳、西沃（Siwo）、巴萨尔、蒙德、巴苏勒和提亚拉纳。红树林河口的沼泽环境中有机物非常丰富，长期以来是部分种类的软体动物的聚居地，包括西非老蚶和红树林牡蛎（Crassostrea gasar），这二者是萨卢姆河三角洲的具有经济价值的主要软体动物。

蚶的繁殖区位于潮汐区，在潮间带和潮外层之间。在红树林和河网之间有一个低洼的斜坡潮汐区域，这是蚶的繁殖区。蚶埋在地下，没入仅有0.50米深的表面黏土沙中。"这对瓣膜又重又厚，壳表面有放射状的脊线和细小的生长纹。瓣膜有白色和黑色两种，这取决于双壳动物是在沙质、泥质或介于二者之间的环境中进化。"（Kantoussan，2006：79）红树林牡蛎，正如其名所示，与红树林有关。它以在红树林根部繁殖的微生物为食。牡蛎在潮间带的红树林细长的根部聚集。水流较弱的水道最有利于牡蛎群的繁殖，因为幼崽能够毫无困难地附着在红树林的根茎上。

生态系统的动态发展导致了沿水道的沉积物堆积节奏的变化。从中期和长期来看，不同软体动物物种的区域分布倾向性可能会有显著变化。变化的速度和频率很难预测，但在大多数情况下，它们解释了贝丘的地理分布及其形成的时间顺序。

1. 采集活动的组织及其季节性

现在，采集软体动物是一种女性从事的季节性活动，一般在12月至次年6月间的旱季进行。这就是当地人所称的"姆比萨"（Mbissa），是捕蚶最有利的时期，即潮水落差最小的时候（Mbow, 1997：239）。蚶床在当地被称为"萨尔"（Sarre），在退潮时会暴露出来。每天的采蚶工作大约需要4个小时，在旱季每月最多可以采15—20天。蚶床开采完后，会更换地点再开采。采空的蚶床经过两三个月会恢复。采到的蚶被洗净然后煮沸20—30分钟，蚶肉从壳中取出，洗净并晒干。贝壳被扔在沙地上，逐渐堆积形成贝丘。

与蚶的采集一样，牡蛎的采集也是季节性的，由女性负责。采集工作在旱季进行，即1—6月。牡蛎视情况被煮熟或熏制。牡蛎肉从壳中取出，放在阳光下晒干。被丢弃的贝壳逐渐堆积成贝丘。

2. 软体动物与经济循环

贝类产品的开采，无论是蚶、牡蛎还是其他物种，都是当地经济的一部分，就像鱼类、棕榈、织物、海盐和金属的开发一样。贝类产品部分用于国内和当地消费。然而，贝类开发的强度很可能依赖于区域经济的供求关系。这些产品被纳入当地、区域和长途贸易网络，而这些网络将沿海和内地的人口与萨卢姆河三角洲、卡萨芒斯直至几内亚比绍的里约—卡谢乌（Rio Cacheu）的人口联系起来。

第七章 贝丘考古

1939年，伊夫托（M. Yvetot）、莫诺（T. Monod）和圣塞纳（J. de Saint-Seine）在迪奥隆—本道（Dioron-Boundaw）和迪奥隆—布玛克（Dioron-Boumak）进行了首次考古勘查。贝萨克（H. Bessac）、莫尼和费吉（J. Figuie）于1951年和1956年勘查了相同的地点。提尔曼斯和德尚在1971—1973年进行了补充性的规模更大的研究。后来，这两位研究人员在甘杜勒岛群迪奥尼瓦尔村附近的恩迪阿蒙—巴达特（Ndiamon-Badat）遗址进行了勘查，并在三角洲大陆部分的诺姆巴托地区的法布拉（Faboura）（Descamps et al., 1977）、班加雷尔（Bangalere）（Elouard et al., 1974）和苏库塔（Descamps and Thilmans, 1979）进一步挖掘，但有时并非出于考古目的。但总的来说，在萨卢姆河三角洲各岛上挖掘出来的遗址非常少，因而无法对此地的古代历史作出令人满意的解释。贝壳采集者在萨卢姆河三角洲岛屿的土地上留下了不可磨灭的印记。考古发掘和空间分析尽管有其局限性，还是使人们对这些从未能自给自足的社会有了更多的了解。

一　恩迪阿蒙—巴达特贝丘：公元前一千纪中叶农民的生活方式

恩迪阿蒙—巴达特贝丘（北纬 13°53′85″／西经 16°43′49″）是迪奥尼瓦尔 4 个贝丘中的一个。这是一个大型堆积物，大约 2 千米长，3—5 米厚，主要由蚶壳组成。它可能是萨卢姆河三角洲最大的贝丘："它曲折蜿蜒近 2 千米，底宽约 100 米，高约 10 米。"（Mauny，1961：158）它位于村庄东北 1.5 千米处，靠近格科奥尔河（Gokehor），含有 149 个墓冢。考古发掘的重点是位于遗址中部的一个中型墓冢，遗址中部半径约 70 米的范围内有 13 个墓冢；开掘的墓冢直径为 20 米，高 1.40—1.50 米（Ba et al.，1997）。墓冢圆顶被剥离到顶部以下 1.40 米处，并在墓冢底部挖开了一条宽 4 米、长 20 米的沟；挖至 1.10—1.30 米深处发现了中心墓室，在墓顶以下 1.40—1.50 米处出现了下层堆积物的顶部。

骸骨的保存状况特别差。不过仍可从现有数据中获得一些信息。出土的骸骨是一个中年成年男性，身高约 1.68 米。遗骸为左侧卧躺的姿势，头东脚西，面向南。陪葬物类别较全，包括 4 件铁器 [1 个矛尖、1 个带底座的托盘（palette à douille）、一个圆柱形物件和一个铁盘]，1 个铜手镯，2 颗珠子，其中 1 颗为红玉髓珠子，另 1 颗为蚶贝珠（Ba et al.，1997：7—9）。在墓穴主体部分还发现了其他物品，但与骸骨没有直接关系。虽然没有发现完整的陶器，但收集到的碎片属于帕尔玛林族传统式样（Palmarin）（Ba et al.，1997：11）。

在发掘过程中收集到的动物遗骸可以分为两类：来自墓冢的加工工具，以及从贝丘顶部采集到的动物遗骸，后者年代约为公元 350—400

年。恩迪阿蒙—巴达特贝丘形成于公元前 420 年到公元 400 年之间，距今约 2370（±50）年到 1555（±80）年。墓冢的建造时间在此之后，具体时间不详。墓冢的动物群样本包括 53 个，分为 11 个物种（Van Neer，1997）。其中有：5 种鱼类，分别为海鲇（Arius sp.）、鲳鲹（Trachinotus sp.）、石鲈（Haemulidae）、斑鳍似牙鯎（Pseudotolithus elongatus）和黄多指马鲅（Polydactylus quadrifilis），其数量从 1—8 不等；2 种爬行动物，分别为蠵龟（Carretta carretta）和一种未确定物种的海龟；2 种野生哺乳动物，海牛（Trichechus Sénégalensis）和海豚（Sousa teuszii）；2 种家养哺乳动物，绵羊（或山羊）（Ovins/Capra）和牛（Bos taurus），分别有 7 块和 23 块骸骨。

严格意义上的贝丘样本更直接地反映了恩迪阿蒙—巴达特地区居民在公元一千纪前半期末的活动。样本采集到共 12 种鱼类，除了前文提到的，还包括鲨鱼（Carcharhinidae）、双髻鲨（Sphyrna sp.）、锯鳐（Pristis sp.）、犁头鳐（Rhinobatos sp.）等；3 种爬行动物；1 种野生哺乳动物，海牛；3 种家养哺乳动物，绵羊（或山羊）、牛和狗。

总之，恩迪阿蒙—巴达特的居民曾经采集软体动物，主要是蚶，用网捕捞鱼和其他水生脊椎动物，并饲养山羊、绵羊和牛。"栖息地选择在潟湖的边缘，这深刻影响了居住者的生活方式。这种有利于收获软体动物和开发其他水生资源的地点，不仅在萨卢姆河三角洲，而且在塞内加尔河的河口区都是非常受欢迎的。"（Van Neer，1997：19）

墓冢下面的贝壳层厚 2.5 米。它是被生活方式多样化的农民堆积起来的，时期是公元前 420 年到公元 400 年，距今约 2370（±50）年到 1555（±80）年，也就是说，800 多年的时间中完成了 2.5 米的沉积。平均堆积率为每 100 年厚度增长 31 厘米，非常缓慢，该遗址长达两千米的壮观规模也解释了缓慢的原因。这些墓冢是后来在贝丘上建造的，时间远远晚于贝丘的形成,建造时间不详,可能是在公元一千纪的后半期。

总之,恩迪阿蒙—巴达特贝丘是迄今为止发现的萨卢姆河三角洲最古老的贝丘遗址。它的形成分为两个连续的阶段。第一阶段的堆积物有2.5米厚,公元前450年至公元400年间积累而成。第二阶段从公元400年后的一个未知日期开始,建造了149座墓冢。发掘的墓冢是一个中年男子的坟墓,他头东脚西,面向南,陪葬着一系列有意思的物品。只有蚶壳珠是源于本地的。其余物品,4件铁器、铜手镯和红玉髓珠来自其他地方,可能来自连接三角洲和西非其他地区的远途贸易网络。

二 迪奥隆—布玛克贝丘:贝坦提岛群古代农民生活方式

迪奥隆—布玛克贝丘500米长、250米宽的遗址(北纬13°50′04″/西经16°29′82″)上分布着125个大型墓冢,构成了迪奥隆—布玛克起起伏伏的地貌。从码头开始,在巨大的猴面包树的荫蔽下,一条小路蜿蜒向上,通向遗址的中心位置。该遗址的北面是建筑材料开采场,有一个厚达数米的大开采层。高6—8米的东部悬崖是暴风雨和班迪亚拉河冲刷的结果(图7.1)。贝丘的总厚度为10米。它几乎完全由蚶壳组成。沉积填充物包括细沙、淤泥、灰土和用于处理双壳动物的坑灶的木炭(Azzoug et al., 2012:56)。

自1956年莫尼的勘查之后,探测和挖掘方法发生了很大的变化。1956年的时候,"在岛上放了一把火,烧掉了掩盖地面的草丛,在中央位置露出了很多大型墓冢,其中一些高达4米"(Mauny, 1961:161)。当时挖掘了最小的墓冢中的两个。在一个高1米、深1米的小墓冢中发现

图 7.1 迪奥隆—布玛克贝丘东侧景观

了一具保存状况不佳的骸骨，东西向安放，面向天空，骨骸左侧有铁矛，骨盆位置有铜手镯。发掘的第二个墓冢位于第一个东侧约 10 米处，高 1.5 米。在 0.30 米深的地方发现了墓室，内有散乱的风化残骨，1 个不知为何物的铁器，2 个石珠（推测为玛瑙）和 3 个铜手镯。在"更深处"发现了第二个墓穴（Mauny, 1961: 161），没有陪葬物品，骸骨呈南北向。此外，在第二具骨骸下方 0.30 米处发现了一个侧置的头骨，面向东北偏北方向。

1971—1972 年，提尔曼斯和德尚在迪奥隆—布玛克遗址组织了新的考古发掘工作。研究的重点是被称为 A、B 和 C 的 3 个墓冢。A 冢和 B 冢完全由蚶壳组成。它们彼此相邻，靠近遗址的东边界，并显示了相同的埋葬程序。

在 A 冢和 B 冢发现的 41 具和 68 具遗骸被分为 3 组，一个中心深层组、一个位于少蚶层之上的浅表组，以及最后一个边缘组。这些墓葬分三个时期建造,每个时期持续的时间不详。

第一组中,死者被埋葬在中心深层组的单个小丘下。这些小丘后来被合并成了第一个墓冢。

第二组墓冢,即浅表组,是在第一座墓冢之上进行的。墓穴被安置在第一时期结束时形成的大墓冢的侧翼和脚下。

边缘组的坟墓可能年代较新,紧贴着已有的冢丘坡底切向而建(Thilmans and Descamps,1982:54)。

各墓葬组的陪葬物品分布有很大区别。第一组只包含铁质物品。浅表组包含基本的墓葬物品,主要是铁制武器、铜和铜合金首饰以及墓葬陶器。边缘组中也有一些铜制物品。除了大量的墓葬品外,在 B 冢中还出土了 10 来只狗的骸骨。作为陪葬品的动物遗骸一般被埋在人类附近,但在这两个案例中,狗和人被埋在了一起。

有 40 具骸骨的 C 冢显示了不同的墓葬方案。墓冢中心位置有 14 座墓穴。其他 26 个墓穴分布在遗址底部。墓葬物品很少,未见陶器。

总的来说,对迪奥隆—布玛克三冢的发掘提供了重要而可观的考古材料。135 个出土的精美陶器具有较高的艺术价值。装饰品可细分为贝壳珠(3981 个)、铜珠(184 个)、玻璃珠(132 个)、玉髓珠(39 个)和金珠(1 个),铜手镯和脚镯(38 个)、铁手镯和脚镯(13 个)、骨制手镯和脚镯(12 个),铜和铁制成的戒指和各种铜环铁环,武器包括铁制的 36 个矛头和 3 个箭头。

迪奥隆—布玛克部族的陶器是独一无二的,很容易辨认。容器开口设计有底唇,为盖子提供了契合的底座。在 A 冢和 B 冢发现的大多数器皿都经过精心打磨,然后涂上红赭色的釉底料。

此外,对人类骨骼的分析揭示了当时一次具有价值的医学实践:A 冢中心深层组的一副骸骨身上有一个部分愈合的穿骨术案例,C 冢的一副骨骸上有一个右桡骨和尺骨的骨折修复案例。

迪奥隆—布玛克贝丘遗址形成于公元4—9世纪，距今约1580（±80）年到1140（±80）年。墓冢建于8—14世纪。墓葬程序在迪奥隆—布玛克遗址中表现了相当的多样性。考古发掘发现了各种各样的做法，包括头骨埋葬、小冢单人墓葬、连续叠加墓葬，以及大冢合葬。一些考古发掘中提出的速度积累的计算方法是探索性的指向，但不具有真正的历史或社会价值。根据阿组格（Azzoug，2012：56）最新的估测，迪奥隆—布玛克有两个形成阶段。第一阶段是快速形成阶段，速度为每世纪200厘米，涉及以上0—8米高度的贝层。第二个是一个慢得多的积累阶段，积累速度为每世纪40厘米，涉及8—10米高度上这一两米贝层。壮观的迪奥隆—布玛克贝丘有三个不同但基本连续的发展阶段。第一阶段，在沉积环境中自然死亡的软体动物贝壳发生堆积。第二阶段，居民对软体动物进行了长期开发，频率和强度时有变化，这些生存活动产生的废品堆积在自然沉积物上，而植被稳定和保护了堆积物。第三阶段，即公元8世纪到14世纪，迪奥隆—布玛克被改造成了墓地。在前两个阶段中堆积的贝壳随后被重新利用，用于建造大小不一但都规模可观的墓冢建筑。这一时期不再有贝壳堆积，进行了贝丘的内部重组。

三 迪奥隆—本道：贝坦提岛群古代农民生活方式的各个方面

迪奥隆—本道遗址（北纬13°49′17″/西经16°29′76″）位于班迪亚拉河右岸，它覆盖着10余个直径6—10米、高1—2米的墓冢。墓葬建筑集中于贝丘东端直径约为60米、高3—4米的区域。1939年，莫诺和圣塞纳在那里进行了发掘（Bessac，1953；Mauny，1961）。1951年，贝萨克在那里进行了一次新的发掘，发现了5个墓穴，它们是一个更大的墓穴的一部分。A冢是遗址东部的6个墓冢的中心墓冢。它的确切尺寸在公布的报告中没有具体说明。该冢建在平均厚度为1.5米的贝壳堆之上。发掘工作涉及一个直径4米、高1米的墓冢的1/6。根据每个墓穴5人乘以6的推算，该墓结构中大约埋葬30个人，这个推算是根据迪奥隆—布玛克墓冢的有效使用期做出的。在有关萨卢姆河三角洲贝冢的文献中，关于每座出土墓葬的精准数据极少。因此，贝萨克发表的信息（1953年）很重要，值得进行细致严格的分析。这种分析使我们能够呈现迪奥隆—本道遗址墓葬习俗的具体内容。

5号墓穴是所发现的序列中最古老的墓穴。它位于冢顶以下约1米的深度。骸骨与19个贝壳构成的项链埋在一起，安置方向为东南—西北，面向西。

4号墓在0.70米深处被发现。这具保存较差、高度破碎的骸骨躺在陶器碎片上，安置方向是西北—东南，面向西。墓葬物品包括一个有底座和盖子的球形容器。容器开口处直径为15厘米，最大直径为22厘米，整体高度为9厘米。容器身上有用蚶壳划出的线饰，到底部变为滚绳印迹（Bessac，1953：2）。遗骸下的陶器碎片属于一个卵形的无盖容器，贝萨克描述其为一个"黑色的、非常高雅的"陶器（Bessac，1953：2）。它的开口处直径为10厘米，最大直径为16厘米，总高度为18厘米，装饰有两条水平平行的线饰，两条线之间填满连贯的三角形图案。

在0.50米深处发现的3号墓穴中的骸骨也严重碎裂。遗骸躺在陶器碎片上，安置方向是北—南，面朝东北。陪葬品仅有一些铜制首饰：2个手镯，其中1个有精致的装饰；3个指环以及其他4个戒指。

1号墓穴在0.40米深的地方出土，包含一具躺在卵形陶器碎片上的碎裂遗骸，安置方向是西北—东南，面向西南。陪葬品包括一个有底座的带盖容器，开口处直径为 8 厘米，最大直径为 14 厘米，高 9 厘米，上部涂有红色釉底色。其装饰与 4 号墓葬的器物相同。遗骸下的卵形陶器开口处直径为 6 厘米，最大直径为 20 厘米，高 25 厘米，有黑色釉底色；容器肩部有三条纵向平行的绳索装饰，并有与之交叉的水平刻纹。

2 号墓葬发现于 0.30 米深处。残缺不全的骨骸铺在陶器碎片上，安置方向是东南—西北，面朝西。墓中的物品完全由铁制武器组成：3 根有双排倒刺的长矛和 1 根叶状刃长矛，长度为 40—45 厘米。

迪奥隆—本道遗址中的一系列墓葬呈现一定差异。如果能知道被埋葬者的性别和年龄，就会更容易解释这些差异。在所有记录的案例中，在遗骸下发现的碎片都属于同一容器，一般中等大小，高 18—25 厘米，最大直径 16—20 厘米。这并非一开始就铺了一层碎片，而更可能是原本放在死者身下的一个容器在遗体的压力下导致碎裂。骸骨的碎裂和分解是由于构成墓冢的蚶壳垂直和横向运动造成的。墓葬物品也显示出一些差异。2 号墓穴有武器，包括 4 个铁矛头。3 号墓穴有铜首饰。1 号和 4 号墓穴几乎相同，遗骸都安置为西北—东南方向，都有无盖的卵形和有盖球形陶器。最后，5 号墓穴内有可能是蚶壳做成的珠链。我们很容易辨识出一对"有地位的"夫妇的遗骸，男人在 2 号墓中带着他的狩猎或战争武器，女人带着她的铜制珠宝，他们与亲属或盟友葬在一起。铜制珠宝和铁制武器不是当地手工艺品，它们来自连接萨卢姆河三角洲岛屿和西非其他地区的远途贸易交换网络。

综上所述，在迪奥隆—本道发现的墓冢层叠在贝冢内部。遗骸的安置方向总体上是不同的，但每个遗骸都躺在一个破碎的容器上。贝萨克对自己的考古发掘工作总结如下："这些墓葬是叠加在一起的，体积很小，远远小于骨架的大小，骸骨散落在陶器碎片上，陪葬品有死者的武

器和首饰,有时候还陪葬着另一个带盖的球形陶器,应该是用来装死者的临终圣餐。"(Bessac,1953:1)

四 苏库塔:诺姆巴托旧时农民的生活方式

苏库塔位于班迪亚拉河的左岸,几乎与迪奥隆—本道接壤。该遗址包含33个墓冢,其中一个已经被发掘。墓穴中埋葬着13个人的遗骸。墓葬物品不多,包括5个迪奥隆—布玛克家庭陶器、5个桶状器皿、2颗贝壳珠、3颗铜合金珠、13颗铁珠和1个铁手镯。

五 班加雷尔:诺姆巴托贝丘的形成和发展速度

班加雷尔遗址位于伊拉加格（Irragago）河道,在索科纳（Sokone）东北方向约10千米处。它100米长,3—4米高,50米宽（Elouard et al.,1974）。为了追溯这个贝丘的历史,我们做了两个层切面。

第一切面为1.90米厚的堆积物,从黑土中的蚶壳开始,有7个连续的贝层,由深至浅如下所示:

第一层:1.90—1.60米,黑土,有小蚶壳;

第二层:1.60—1.27米,牡蛎壳层;

第三层:1.27—1.10米,包含9种贝壳的多种类层,包括蚶、牡蛎、贻贝、蛏（Tagelus angulatus）、环珠海蜷（Tympanotonus fuscatus）等,"大西洋香螺（Semifusus mori）和宽口涡螺（Cymbium porcinum）的裂口清楚地展现了人类食用的留痕（Elouard et al.,1974:85）";

第四层：1.10—0.57米，牡蛎壳层；

第五层：0.57—0.40米，与灰质黏土沉积物结合的牡蛎壳层；

第六层：0.40米，灰色土壤，标志着贝壳堆积的暂停；

第七层：0.40—0.00米，贝壳堆积恢复，有小蚶壳和牡蛎壳。

第二切面位于第一部分以南约20米处，厚度为3.20米。它分为六层：

第一层：3.20—1.60米，灰土，有蚶壳；

第二层：1.60—1.29米，牡蛎壳和蚶壳混合层，以牡蛎壳为主；

第三层：1.29—1.15米，牡蛎壳层；

第四层：1.15—0.72米，灰白色黏土，有小蚶壳；

第五层：0.72—0.65米，牡蛎壳层；

第六层：0.65—0.00米，牡蛎壳和蚶壳混合层。

该贝丘形成于距今1400—300年前。物种的演替反映了当地环境的变化，还是距离软体动物加工地数千米远的采集区的变化？但在一个繁茂的红树林地区，牡蛎的相对数量优势是合乎逻辑的。

六 法布拉：关于贝丘形成速度的补充信息

德尚、提尔曼斯、托姆雷（J. et Y. Thommeret）和奥普特曼（E. F. Hauptmann）（1977年）研究了位于约阿勒东部数千米的法布拉遗址（北纬14°07′西经16°45′）。1975—1977年，这个巨大贝冢的一半被开采用于丹加纳（Dangane）公路的建造。剩下部分可能正在消失。德尚的团队专注于测量贝丘的形成速度。其所研究的贝丘直径约为400米，高约10米。贝壳沉积物主要成分是蚶，但发现了三层牡蛎壳，分别在5.90—

7.00米处（最古老的一层），4.75—5.30米处，2.00—2.50米处（最年轻的一层）。在公元10—635年，距今约1940（±80）年到1360（±80）年，这6个世纪间完成的8米贝壳堆积的速率并不恒定。

贝丘堆积的平均速度约为每世纪1.25米。软体动物堆积过程和开采处理时的横向位置变化极大改变了对贝丘形成速度的估测。在法布拉贝冢，有一个缓慢积累的第一阶段，在大约350年的时间里沉积了2米的贝壳（Descamps et al., 1977：30）。然后有一个加速积累的阶段，这是因为对软体动物（包括蚶和牡蛎）的开发力度加大，在半个世纪内造成了3米的沉积。最后是一个新的缓慢积累阶段，在两个世纪的时间里积累了2米的厚度。

测量贝类积累速度是一件特别困难的事情，因为它取决于贝类采集的强度、参与者的数量、采集的时间和贝类加工速度。大量的贝壳积累可以在数日内完成。"拉丰（F. Lafont）在班迪亚拉河畔的梅西拉（Messira）看到，在一天之内就形成了数立方米的贝类堆积，而不到一个月的堆积总量至少有30立方米。"（Mauny, 1961：158—9）

总体看，考古发掘的贝冢数量有限。发掘的三个遗址，法布拉、班加雷尔和苏库塔都位于诺姆巴托的大陆部分。迪奥隆—布玛克和迪奥隆—本道这两个位于贝坦提岛群北端的相邻岛屿，特别吸引了研究人员的注意。迪奥尼瓦尔附近的达蒙—巴达特（Damon—Badat）是迄今为止在甘杜勒岛群发掘并发表成果的唯一遗址。贝丘所经历的年代从公元前450年延续到公元1400—1500年，延续了约2000年。贝冢中所发现的考古遗迹，包括铁和铜合金武器和装饰品，以及玻璃和红玉髓珠，证明了在过去的2000年中，萨卢姆河三角洲的岛屿加入了西非地区的远途贸易系统。

第八章 贝丘与领土标记策略

今天，软体动物的采集仍在继续，但速度和强度大大降低。每个收获季节产生的贝壳堆积量相对较小，但在同一地点连续采集多季后，贝壳会堆积而形成贝丘。经过长期的采集活动，部分贝丘达到了相当大的规模。影响贝丘形成的有多个因素，包括贝类开采的频率、在同一地点对贝类进行加工和处理、每个收获季节的产量，而以上因素又都取决于从事开采的人数。

萨卢姆河三角洲贝丘的地理分布图显示了空白区域和贝丘高度集中区域（图8.1）。甘杜勒岛群的东北半部和贝坦提岛群的中部和西北部完全没有贝丘。这种缺失很可能只是因为在这些地区未进行考古发掘。不管怎样，所记录的遗址都是沿着某些河道组织起来的，其原因应该是软体动物开发者群体的开发策略。

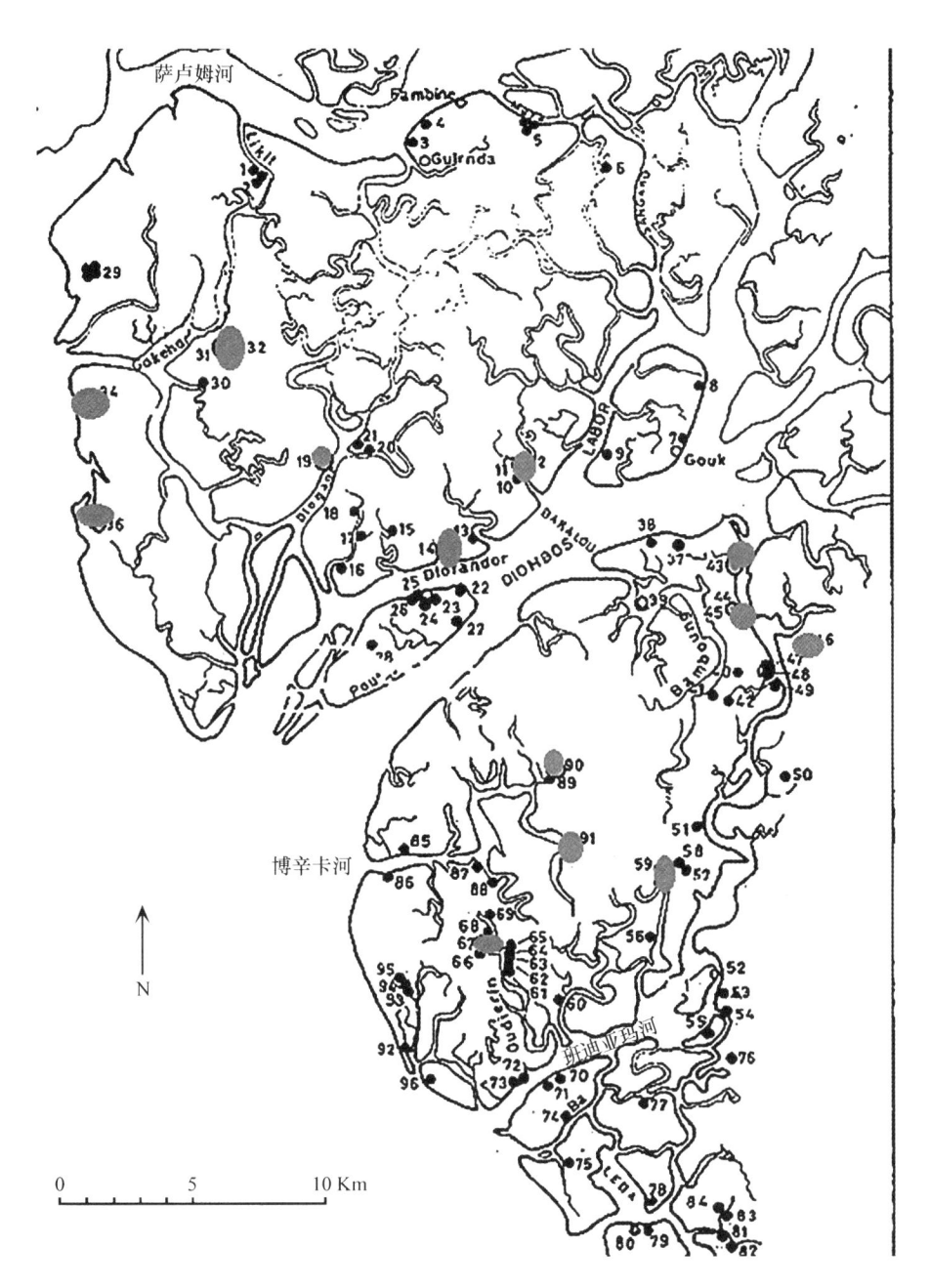

图 8.1 贝丘与墓冢分布
（说明：为方便读者按图索骥，根据作者建议，本图部分保留了原文地名）
（图片来源：根据 Thilmans 和 Descamps 1981 年的图修绘）

一 甘杜勒岛群的贝丘

到目前为止,甘杜勒岛群有 29 个记录在册的贝丘,全部是蚌壳贝丘,绝大多数都集中在岛群的西南部。然而,贝丘整体的地理分布显示了一些令人惊讶的规律性,后文将就此进行探讨(表 8.1)。

北部的贝丘群位于萨卢姆河的右岸。事实上,只有 2 个贝丘,即 3 号和 4 号遗址,挨着吉恩达和方比纳之间的萨卢姆河岸。其他遗址离萨卢姆河略远,5 号和 6 号遗址在玛雅(Maya)河道的东岸,1 号和 2 号遗址在利基特(Likit)河道的左岸。甘杜勒岛群经过勘查的贝丘体量较小。它们通常不到 50 米长,1—2 米厚,丘上生长着一棵或多棵猴面包树。利基特河道的 2 号遗址和玛雅河道的 5 号遗址,分别有 2 个和 3 个贝丘。这些贝丘之间的直线距离为 4—6 千米。

西侧的遗址基本上位于萨卢姆河南岸、桑戈马尔角(pointe de Sangomar)俯瞰的区域。北部的吉姆桑(Guimsan)遗址长 50—100 米,厚 2 米,由 4 个贝丘构成。南面 5 千米处的迪奥尼瓦尔遗址群包括 2 个遗址,即恩迪亚尔和恩迪亚蒙—巴达特遗址。迪奥尼瓦尔东南面的恩迪亚尔遗址长 50—100 米,厚 2.5 米,分为两个丘。恩迪亚蒙—巴达特是一个位于迪奥尼瓦尔东北部的壮观遗址。它长达 1—2 千米,贝壳层厚度为 3—5 米。整个区域有 149 个墓穴。它是目前萨卢姆河三角洲已知最古老的遗址,可以追溯到公元前一千纪中期(公元前 450 年)。前文已经阐述过其挖掘情况(Ba et al., 1997)。

第八章 贝丘与领土标记策略

表 8.1　　萨卢姆河三角洲甘杜勒岛群贝丘一览

遗址编号	位置	长度（米）	厚度（米）	贝壳种类	树木	其他
北部							
1	—	<50	1	?	猴面包树	—
2	—	<50	2	蚶	猴面包树	2 个贝丘
3	吉尔恩达	<50	1	蚶	猴面包树	—
4	—	<50	1.5	蚶	猴面包树	—
5	—	<50	1.5	蚶	猴面包树	3 个贝丘
6	—	<50	1.2	蚶	猴面包树	—
东南部							
10	—	很长	0.5—2	蚶	猴面包树	—
11	—	表被层	?	蚶	—	20 个墓冢
12	—	50—100	2	蚶	猴面包树	6 个墓冢
13	—	<50	0.5	蚶	猴面包树	—
14	—	>100	4	蚶	猴面包树	>77 个墓冢
15	—	<50	1.5	蚶	猴面包树	—
16	—	50—100	4	蚶	猴面包树	—
17	—	<50	1.5	蚶	猴面包树	—
18	—	<50	1.5	蚶	猴面包树	—
19	—	>100	5	蚶	—	3 个贝丘，17 个墓冢
20	—	50—100	1	蚶	—	—
21	—	50—100	1.5	蚶	—	—
西部							
29	吉姆桑	50—100	2	蚶	猴面包树	4 个贝丘
30	迪堪特（Dikante）	>100	3	蚶	—	—

续表

遗址编号	位置	长度（米）	厚度（米）	贝壳种类	树木	其他
31	恩达法弗	>100	6	蚶	—	20个墓冢
32-1	提乌帕纳—布玛克	>100	10	蚶	猴面包树	168个墓冢
32-2	提乌帕纳—本道	50—100	10	蚶	猴面包树	54个墓冢
33	—	50—100	1.5	蚶	—	—
34	恩迪亚蒙—巴达特	1000—2000	3—5	蚶	—	149个墓冢
35	恩迪亚尔	50—100	2.5	蚶	—	—
36	阿佩奇	50—100	1	蚶	棕榈树	17个墓冢
—	迪乌塔—布玛克	?	?	?	?	?
—	迪奥纳瓦尔	?	?	?	?	?

尼奥迪奥尔附近的阿佩奇（Apetch）遗址位于迪奥纳瓦尔以南5千米处。它有1米厚，50—100米长，生长着茂盛的棕榈树，覆盖着17个墓冢。法利亚组在戈克霍尔（Gokehor）河道的左岸略远处。它距离西北方向的吉姆桑（Guimsan）和西南方向的迪奥纳瓦尔遗址5千米，是甘杜勒岛群中最有气势的贝丘。它包括三个遗址。提乌帕纳—布玛克（Tioupane-Boumak）贝丘长约600米，厚10米，有168个墓穴。

由于它面积开阔，曲线起伏而植被清秀，大型墓冢延绵以及原始生态完好（现在已经不再如此），提乌帕纳—布玛克遗址在萨卢姆遗址中独占鳌头，不仅因其墓穴的数量，且因其美丽的风景。（Thilmans and Descamps，1982：37）

这是一个壮观的遗址，保存得相对较好，但遗憾的是，最早发掘它的是来自考拉克的工程队。然而，提尔曼斯和德尚1982年的描写仍然符合事实。提乌帕纳—本道是一个厚达10米、长达100多米的贝丘，生长着猴面包树，共覆盖着54个墓冢。位于法利亚南侧的恩达法弗（Ndafafe）也有100多米长，6米厚，并有20来个墓穴。位于法利亚以南不到2千米处的迪堪特（Dikante）贝丘也可以纳入这个区域，它100多米长，3米厚，但没有任何墓穴。

总之，甘杜勒群岛西部的贝丘空间分布显示了显著的规律性。这些一般都是大型贝丘，大多数都含有坟冢。遗址群显示了有规律的两两5千米间隔，这当然不是偶然，我们将在后文探讨这一点。

东南部的贝丘完全由蚶壳构成。这些贝丘沿河道以不同的方式排列。迪奥加纳（Diogane）河道（图8.1）的贝丘基本在河的左岸和右岸集中排列。右岸区域（19号遗址）有三个明显的贝丘。这是一个大型遗址，长度超过100米，厚度为5米，至少有17个墓冢。位于上游的20号和21号遗址彼此相距不远。它们都是中等大小，长度为50—100米，厚度为1—1.5米。21号遗址位于迪奥加纳河道的左岸，20号遗址位于其一条支流的右岸。

恩拉玛尔（Nlamare）河道遗址由3个贝丘组成，彼此间隔约1千米，沿河排列。16号遗址位于最南端，长50—100米，厚4米。17号和18号遗址分别位于中部和北部位置，规模较小，长度不足50米，厚度为1.5米。

13号、14号和15号遗址彼此间隔2—2.5千米，位于迪奥姆伯斯（Diombos）河道的小支流沿岸。13号和15号贝丘厚度为0.5—1.5米，长度不足50米。而14号遗址规模较大，长度超过100米，厚度为4米。

巴卡鲁（Bakalou）河道贝丘遗址沿着河流中段蜿蜒地带聚集。10号和11号遗址尺寸不详。10号遗址据说"沿河岸伸展，占地宽阔"

(Thilmans & Descamps，1982：36）。11 号在 10 号以北约 50 米处，不是严格意义上的贝丘。它是"一个沙土堆，上面有零星蚶壳"（Thilmans & Descamps，1982：36）。这二者可能是一体，只是有两处堆积物。11 号遗址记录了大约 20 个沙冢，当然数量可能更多。12 号遗址有 6 个墓冢，贝丘厚 2 米，长 50—100 米。

甘杜勒岛群东南部的贝丘地理分布规律性一目了然。相邻点之间的距离为 2—2.5 千米。大型墓冢的空间排列再现了在岛群西部发现的模式。拥有至少 26 个墓穴的巴卡鲁河道的 11 号和 12 号遗址位于迪翁博斯小支流 14 号遗址的东北方向，直线距离 5 千米。14 号遗址含有 77 个墓冢，位于迪奥加纳河道的 19 号遗址的东南方 5 千米处，19 号遗址有 17 个墓冢。

事实上，迪奥加纳河道的 19 号遗址与法利亚组的提乌帕纳—布玛克/提乌帕纳—本道（32 号遗址）之间的直线距离正好是 5 千米。甘杜勒岛群的墓冢遗址分布的这种规律性并非仅是巧合。建造墓地是标记和控制软体动物开采区策略的一部分。

二 普塔克小岛和古克小岛的贝冢

2009 年 7 月，位于迪奥姆博斯河道的普塔克小岛和古克小岛被重新勘查。勘查所记录的贝丘整体规模很小，大部分都不到 50 米长（图 8.2）。古克岛有 7 个遗址，大部分堆积物是小蚶壳和中大牡蛎壳（表 8.2 至表 8.4）。古克岛 5 号遗址（北纬 13°52′321″/西经 16°31′237″）可能是煮蚶的地点。

图 8.2　古克小岛群新牡蛎壳的堆积

表 8.2　　　　　　　　　　古克和普塔克岛贝丘一览

遗址编号	位置	长度（米）	厚度（米）	贝壳种类	树木	其他
古克岛						
1	—	50—100	1	蚶	—	—
2	—	?	?	?	?	未勘查
3	—	?	?	?	?	未勘查
普塔克岛						
22	—	50—100	4	蚶	猴面包树	—
23	迪亚方道尔（Diafandor）	50—100	?	蚶	—	20 个墓冢
24	—	<50	2.5	蚶	猴面包树	6 个墓冢

续表

遗址编号	位置	长度（米）	厚度（米）	贝壳种类	树木	其他
25	—	<50	1.5	蚶	猴面包树	—
26	—	50—100	1.5	蚶	猴面包树	—
27	—	50—100	1-1.5	蚶	猴面包树	—
28	—	?	?	?	?	未勘查

表8.3　　　　　　　　　　普塔克岛的新勘查数据

遗址	经度	纬度	贝壳种类
普塔克1号	北纬13°49′613″	西经16°36′622″	欧拉涡螺和蚶
普塔克2号	北纬13°49′578″	西经16°36′617″	蚶和大西洋香螺
普塔克3号	北纬13°49′539″	西经16°36′623″	蚶
普塔克4号	北纬13°49′541″	西经16°36′648″	牡蛎
普塔克5号	北纬13°49′550″	西经16°36′652″	牡蛎，新堆积
普塔克6号	北纬13°49′548″	西经16°36′706″	牡蛎和欧拉涡螺
普塔克7号	北纬13°49′542″	西经16°36′721″	牡蛎
普塔克8号	北纬13°49′519″	西经16°36′820″	蚶
普塔克9号	北纬13°49′476″	西经16°36′889″	蚶和其他
普塔克10号	北纬13°49′464″	西经16°36′903″	小蚶
普塔克11号	北纬13°49′443″	西经16°36′900″	小堆积，小蚶
普塔克12号	北纬13°49′602″	西经16°36′640″	小蚶
普塔克13号	北纬13°49′580″	西经16°36′673″	牡蛎
普塔克14号	北纬13°49′476″	西经16°36′727″	牡蛎
普塔克15号	北纬13°49′446″	西经16°36′752″	牡蛎
普塔克16号	北纬13°49′549″	西经16°36′612″	牡蛎
普塔克17号	北纬13°49′527″	西经16°36′629″	牡蛎
普塔克18号	北纬13°49′541″	西经16°36′657″	牡蛎

表 8.4　　　　　　　　　　　古克岛的新勘查数据

遗址	经度	纬度	贝壳种类
古克 7 号	北纬 13°52′416″	西经 16°31′169″	蚶
古克 1 号	北纬 13°52′399″	西经 16°31′192″	蚶和骨螺
古克 2 号	北纬 13°52′452″	西经 16°31′269″	蚶和大牡蛎
古克 3 号	北纬 13°52′401″	西经 16°31′189″	小蚶
古克 4 号	北纬 13°52′324″	西经 16°31′216″	大牡蛎（新）
古克 5 号	北纬 13°52′321″	西经 16°31′237″	煮蚶处
古克 6 号	北纬 13°52′283″	西经 16°31′250″	中牡蛎

普塔克岛有 18 个中小型贝丘，分布在整个岛区，高度集中于其东北部 1/3 区域。这些贝丘大多数不足 50 米长，其厚度尚未知。岛上的小村庄迪亚方道尔（Diafandor）近年来已被遗弃（表 8.2 至表 8.4）。当地物种丰富多样。

普塔克岛贝丘中也有欧拉涡螺和骨螺，但是蚶壳和牡蛎在数量上占绝对主导地位。莫尼（1957 年）认为，欧拉涡螺和骨螺仅在蚶和牡蛎产量紧张的情况下才被采集。由于该岛在迪奥姆伯斯河道中的位置及其环境特点，古克和普塔克小岛只是周边河道软体动物的加工点。

三　贝坦提岛群贝丘

三角洲东南部的贝坦提岛约有 40 个贝丘。贝丘整体地理分布非常不均匀，明显集中在某些河道沿岸。在岛屿的西部和西南部，贝丘密度要高得多。东南部密度较低，北部密度一般。总体看，贝坦提岛群贝丘密度相对高的原因是该地区群落生境更为有利，因为"其特点为可耕地面积更大，淡水浮萍数量更多"（Thilmans and Descamps，1982：50）。

伯辛卡（Bossinka）河道贝丘是成对排列的，但位于贝坦提岛群中心的班迪库塔（91号遗址）是个明显的例外（图8.1）。它是一个长度超过100米的大丘，由蚶壳和牡蛎壳堆积而成，厚度约为1.5米。它含有大约30个墓冢。第一对是85号和86号遗址，分别位于右岸和左岸，靠近河口。85号遗址长100多米，堆积有厚度2.5米的蚶壳。86号较小，长50—100米，堆积物厚1米。第二对是87号和88号遗址，坐落在伯辛卡河一条支流的左岸，位于第一对东面3—4千米处，皆为蚶壳和牡蛎壳贝丘。它们的尺寸规模与前两个相同，87号长度为50—100米，88号长度超过100米，厚度为6米。第三对遗址，也是最后一对，即89和90号遗址，距离第二对遗址约5千米，位于伯辛卡河道北支流的左岸（图8.1）。二者长度都超过100米，厚度2—5米。89号遗址含有蚶壳和牡蛎壳，贝丘上生长着许多猴面包树。90号遗址只有蚶壳，但覆盖着63个墓冢。

在西南部的海岸和卡西堪（Kassikan）河道沿岸，已经勘查记录了5个贝丘的情况。92号沿海岸延伸700米，约有30米宽，蚶壳堆积散乱，有的地方厚达4米。96号也位于海岸的屏障沙滩，规模很小，蚶壳层仅约0.5米。卡西堪河道3个遗址完全由蚶壳组成，彼此相距200—250米。93号位于最南端，厚1.5米，长50—100米。中央贝丘（94号）很小，但有4米厚，顶部有猴面包树。北部的贝丘，即95号，长度超过100米，平均厚度为1米。位于该贝丘西北方向约150米处的一个孤立墓冢也是遗址的一部分。

乌迪—埃林（Oudi Erin）河道有9个贝丘，分为两个聚集区域。这两个区域位于河道的中段和北段。中段区包括其左岸的5个几乎连续的蚶壳和牡蛎壳贝丘。最北端的贝丘，即65号，是最小的，长度不到50

米，厚度为1.5米。南岸的64号是规模最大的，长度超过100米，厚度为3米。南部的3个贝丘，即61号、62号和63号遗址，在各方面都很相似，长度为50—100米，厚度为1.5—2米。

北段区包括4个贝丘，3个在右岸，1个在左岸。右岸的3个贝丘完全由蚶壳组成。67号遗址位于该区域中心位置，长100多米，厚3.5米，覆盖着72个墓冢。它的北面和南面分别是66号和68号遗址，规模中等，长50—100米，厚0.5—1.5米。位于左岸的69号遗址有蚶壳和牡蛎壳，规模小，长不到50米，厚1米。

沿着乌迪—埃林河道发现的贝丘群显示了一种有趣的地形学上的一致性：1个大贝丘的两侧有2个或3个中型贝丘，每个区域北端坐落着1个小贝丘。此外，在此地的情况中，物种分布非常简单明确。61号、62号、63号、64号、65号和69号遗址都是蚶壳和牡蛎壳贝丘，位于河道的左岸；遗址66号、67号和68号完全由蚶壳组成，位于河道右岸。软体动物的加工和烹饪区域不一定是采集区域，然而我们还是倾向于认为微小的生态差异可能导致当地贝类繁殖区分布的重大变化。

班迪亚拉河右岸的南部直到河口的区域，贝丘极少。事实上，该区只有2个蚶壳丘，即72号和73号遗址。它们离得很近，只相隔约300米，而且规模很小，不到50米长，1米厚。

贝坦提岛群的东部有低密度的贝丘，可分为两块不同的布局。一是集中了3个遗址的哈姆达拉耶（Hamdallaye）组，即57号、58号和59号；二是3个相对孤立的贝丘：位于班迪亚拉（Bandiala）一条支流右岸的60号遗址，位于哈姆达拉耶右岸数百米处的56号遗址，以及位于班迪亚拉河右岸希伯（Sipo）附近的51号遗址。60号遗址完全由牡蛎壳组成，长度不足50米，厚度为2.5米。56号遗址由蚶壳和牡蛎壳组成，也很小，不足50米长，1.5米厚。51号由两个独立的蚶壳贝丘组成，厚度为 3 米，长度不到 50 米。

哈姆达拉耶组位于同名河道曲折的左岸。57 号和 58 号贝丘较小，长度不到 50 米，牡蛎壳堆积 2.5 米。它们分别位于哈姆达拉耶村的东面和东北面数百米处。59 号遗址——考隆巴托（Kolombato）不是严格意义上的贝丘，是厚约 20 厘米的蚶壳层，尺寸不详。不过，这个遗址有 18 个墓冢，墓冢建造使用的沙子多于贝壳。

贝坦提岛群北部沿班迪亚拉、迪奥姆博斯和班本（Bamboung）河道贝丘有 12 个遗址。贝丘都由蚶壳组成，除了其中两处，附近生长着巨大的猴面包树。班迪亚拉河右岸的 6 个遗址分为 2 个贝丘构成的一个组和 3 个贝丘构成的一个组，外加一处孤立贝丘。迪奥隆—布玛克遗址（43 号）是一个巨大的、相对孤立的贝丘，长 500 米，宽 250 米，最大厚度为 10 米。它气势特别宏伟，至少覆盖 125 个墓冢。迪奥隆—本道（44 号）在其南面 1.5 千米处，与 350 米外的 45 号组成一对。44 号是一个不到 50 米长的小堆，平均厚度 1.5 米，覆盖着 12 个墓冢。45 号中等规模，长 50—100 米，厚 2.5 米，有 14 个墓冢。47 号、48 号和 49 号构成一个群组，位于班迪亚拉河的一条小支流岸边。47 号和 48 号位于左岸。两者都是 50—100 米长，厚度 1.5—2.5 米。49 号有两个规模较大的贝丘，100 多米长，2.5 米厚。

37 号和 38 号贝丘位于迪奥姆博斯河的左岸。位于吉拉村（Guira）边缘的 37 号由两个独立的贝丘组成，厚度为 2 米，长度为 50—100 米。38 号遗址的尺寸不详，蚶壳零散分布。

班本河道遗址可分为两块不同的布局。一是河口附近 1 个相对孤立的遗址，二是在上游 5 千米处 3 个遗址的聚集。39 号遗址包含 6 个沙冢，位于河道右岸，靠近班本村，蚶壳散落分布，规模不详。40 号、41 号和 42 号遗址彼此距离接近。40 号——朱恩库（Djounkou）遗址位于班迪亚拉和班本河道之间。它长100多米，厚8米。41号——库库遗址（Koukou）位于河道右岸，距离40号遗址1.5千米，长度不到50米，厚度为6米。该组的第三个也是最后一个遗址，即42号遗址，有2个贝丘，长度不到50米，平均厚度为3米。总的来说，这个群组的贝丘堆积规模较大，厚度从8—3米不等。

贝坦提岛北部的特点在于贝丘和墓冢数量众多，占记录在案的12个遗址中的4个。在其余的岛屿上，贝丘的地理分布具有一定规律。相邻墓冢遗址之间的直线距离从2.5—5千米不等：岛群中心的伯辛卡河道两条支流上的90号和91号遗址间距2.5千米；西南的乌迪—埃林河道67号遗址和卡西堪河道的95号遗址间距4千米；伯辛卡河道南支流的91号遗址和哈姆达拉耶59号遗址间距4千米；乌迪—埃林河道67号遗址与伯辛卡河道南支流的91号遗址间距5千米。

迪奥隆—布玛克和迪奥隆—本道区域还有45号遗址，这是萨卢姆河三角洲的岛屿中颇为独特的一个。与其他所有贝丘集中区不同，它包括3个相邻的遗址，而3个遗址均有墓冢。迪奥隆—布玛克的A、B和C号墓冢的位置和方向的细节尚未公布。这两个地方所发现的丧葬习俗显示了强烈的相似性。"迪奥隆—布玛克家族陶器"是其文化特性中的一个关键因素。

四 诺姆巴托贝丘群

诺姆巴托地区，或者说是大陆区域，是一条沿着班迪亚拉河左岸延伸的狭窄地带。该地区有17处遗址，2个在北部，5个在米西拉村周围，10个在南部。

北部的 2 个遗址，苏库塔（46 号）和巴尼（Bani）（50 号）之间的直线距离约 5 千米。苏库塔贝丘在班迪亚拉以东约一千米处，主要由蚶壳组成。它长 50—100 米，厚度 0.50—1.80 米，包含 33 个墓冢，其中一个已经被挖掘。巴尼贝丘也主要是由蚶壳构成，规模中等，长 50—100 米，厚 1.5 米。此地曾是一个采石场，开采贝壳用作建筑材料。

米西拉组由 5 个贝丘组成，沿长约 4 千米的南北横切面排列。最北端的贝丘群，即 52 号遗址，位于卡提奥尔（Katior）岛。它由蚶壳和牡蛎壳组成，长 100 多米，厚度约为 6.5 米，并有 2 个墓冢。53 号遗址位于班迪亚拉河左岸的米西拉，长 50—100 米，堆积着 3.5 米厚的蚶壳。米西拉南面的 54 号遗址位于班迪亚拉河支流的右岸。它临河道一侧受到严重侵蚀，那里有一处近 4 米高的悬崖。该贝丘 50—100 米长，由蚶壳和牡蛎壳组成。55 号遗址靠近米西拉河道口，是一个不到 50 米长、0.50 米厚的蚶壳小丘。最后，该组最南端的贝丘，即位于法塔拉（Fatala）河道右岸的 76 号遗址，由蚶壳和牡蛎壳组成，长 50—100 米，厚 3.5 米。

总体而言，米西拉组遗址结合了蚶壳和牡蛎壳。然而有两处，即 53 号和 55 号遗址仅仅由蚶壳组成。同样有意思的是，该组最大的贝丘——52 号遗址有 2 个墓冢，位于属于哈姆达拉耶组的 59 号遗址东南 5 千米处。

诺姆巴托南部有 11 个遗址，在河道沿岸相对分散。70 号和第 71 号贝丘相距数百米，都位于班迪亚拉河的左岸，距离河口约 3 千米。70 号遗址规模较小，长度不到 50 米，蚶壳堆积的平均厚度为 1 米。71 号贝丘也由蚶壳组成，然而要大得多，100 多米长，1.5 米厚。河道右岸的 74 号贝丘长不足 50 米，厚 1 米，基本由蚶壳组成。75 号在 74 号南部约 2 千米处，规模也比较小，约 1 米厚，为蚶壳堆积。它位于巴（Ba）河道的右岸。77 号是少数完全由牡蛎壳形成的贝丘之一。它位于连接米西拉河道和巴河道的小河道的左岸，长 50—100 米，平均厚度约为 1.5 米。78

号、79号和80号贝丘位于米西拉、勒巴和马萨林克（Massarinko）河道的汇合处。78号遗址位于勒巴河道的右岸，面积很大，长750米，宽150米，厚度为2—3米不等，基本上是由蚶壳组成，并长着巨大的猴面包树。79号和80号贝丘相距数百米，位于勒巴河道的左岸。79号遗址长近300米，堆积了1.5米厚的蚶壳。80号规模也很大，长度至少有200米，但蚶壳堆积只有0.75米厚。81号、82号、83号和84号贝丘都混合了蚶壳和牡蛎壳。它们沿着马萨林科河道的一条支流成对排列。81号和82号位于支流的左岸，二者之间相距200米。81号不足50米长，0.5—1米厚。82号大一些，长50—100米，厚1.5米。83号和84号这一对位于支流的北侧，彼此相对。83号厚1米，长50—100米，位于左岸。对岸的84号贝丘较小，长度不到50米，平均厚度为1米。

诺姆巴托海岸地带向南延伸到冈比亚河岸，那里也勘查到了贝丘。勘查区域的南部边界并非有意所为，未反映旧时诺姆巴托贝类采集者的领土逻辑。

诺姆巴托的贝丘都位于班迪亚拉河的左岸和东南部的小岛上。由于环境条件的原因，总体上贝丘遗址密度较低。整个萨卢姆河三角洲河道密集的特点并没有体现在诺姆巴托。与其他岛群不同的是，牡蛎采集与蚶采集在三角洲的这个边缘地带同等重要。

五　领土化、集约化和交换

迪奥尼瓦尔—尼奥迪奥尔岛上的恩迪亚蒙—巴达特贝丘年代为公元前一千纪中期，是萨卢姆河三角洲最古老的遗址。对软体动物的开发，和捕鱼、畜牧和农业等其他生存活动，有可能是沿海和岛屿居民的生活方式。一些物产丰富的河道成为开发的重点，从而导致了大型贝丘的生成。公元800年前后发生的重大变化是一些贝丘被改造成墓冢数量不等的墓地。

这些变化可能与人口结构和人口增长有关，也与公元一千纪后半期西非该地区的政治和经济发展有关。特克鲁尔王国（Royaume du Tekrour）沿着塞内加尔河的下游发展。加纳王国——对某些人来说是帝国——从奥克尔（Aouker）的沙漠上崛起。来自马格里布的商队经过西迪尔马萨（Sidjilmasa）——现在的塔赫特（Tahert），并穿越撒哈拉大沙漠，前往阿瓦达格斯特（Awdaghost）、昆比—萨莱（Kumbi-Saleh）、迪亚（Dia）和杰内—杰诺（Jenne-Jeno）。远途贸易网络向各个方向拓展。班布克的黄金使加纳闻名国际。在萨卢姆河和冈比亚河之间，"巨石圈建造者"的群落也繁荣起来。

萨卢姆河三角洲岛屿的居民们加大了对软体动物的采集力度，这些软体动物在区域间经济循环中成为交换的货物。他们用贝类获得了铜首饰、玻璃、玛瑙和红玉髓珠子、武器和铁器，这些东西在出土的古墓中均有不同数量的发现。在多个领域，特别是在蚶和牡蛎的采集加工、陶器生产、采集带控制和交流渠道建立等方面，活动的强度不断增加。

软体动物采集者必须动员和培训工作团队，研究出加工并保存软体动物的技术，以及适当的储存方法。烟熏和晒干的方式是必要的。贸易路线沿着萨卢姆河、迪昂博斯河和冈比亚河流域密集的水文网络而形成，独木舟是首选的运输手段。

篮子，无论是编制篮还是框，肯定得到了使用。"迪奥隆—布玛克家族陶器"是一个了不起的发明。这种陶器不太可能是在迪奥隆—布玛克生产的，那里是一个软体动物的采集地，后成为墓地。陶器底部密封，开口处有盖子封口，便于储存和运输熏制或晒干的贝类。带底座的陶器碎片在小宝伯隆河、西内—恩加耶纳、恩加耶纳2号和桑蒂乌—恩加耶纳的巨石遗址中很常见（Holl and Bocoum，2006，2014，2017；Holl et al.，2007；Thilmans et al.，1980）。由此可见，巨石圈建造者用武器和铁器、粮食和其他食品，交换到了萨卢姆河三角洲的产品。

对采集区的控制可能是以一种巧妙的方式进行的。首先是对第一批开采者的"惯例性"权利的尊重，其次是使用强有力的领土标记——带有墓冢的墓地。整体看，基于对遗址分布的不同逻辑的细致分析，可以了解空间的占领策略（图61）。墓冢墓地并不是萨卢姆河三角洲岛屿上的偶然，它们确实是一种庄严的宣告："这片土地属于我们。"

甘杜勒岛群的墓地分为两个不同的区域：东南区和西区。东南区各遗址的墓冢的数量从4个（迪奥加纳河道的19号遗址）到77个（迪奥姆博斯右岸的14号遗址）不等。西区有7个带墓冢的遗址，埋葬人数从168个（提乌帕纳—布玛克）到11个（恩迪亚尔、迪奥纳瓦尔东南方向的35号遗址）不等。如果我们按位置对这些遗址进行分组，恩迪亚蒙—巴达特（34号）和恩迪亚尔（35号）属于迪奥纳瓦尔墓葬群；恩达法费（31号）、提乌帕纳—布玛克（32a号）和提乌帕纳—本道（32b号）是法利亚墓葬群的一部分。换句话说，在甘杜勒岛群有6个墓葬群。令人惊讶的是，任意两个最近的相邻墓地（nearest neighbour）间的直线距离均为5千米。从巴卡鲁河道的11号、12号遗址到迪奥姆博斯支流的14号遗址，从14号遗址到迪奥加纳河道的19号遗址，从恩达法弗（19号遗址）到科克霍尔河道的提乌帕纳（31/32号），从提乌帕纳（31/32号）到戈克霍尔河道的恩迪亚蒙—巴达特（34号），以及从恩迪亚蒙—巴达特（34号）到阿佩奇（36号），距离均为5千米。

墓冢遗址在贝坦提岛群显示了不同的空间逻辑。墓地高度集中在北端，共有5处，墓冢的数量从6个（39号）到125个（迪奥隆—布玛克）

不等。迪奥隆—本道（44号）和45号遗址合为一个整体。39号、迪奥隆—布玛克（43号）和苏库塔（46号）构成一个腰长4千米的三角形。

但有一个例外，伯辛卡河道支流上的任意两个墓地之间距离只有2.5千米（图8.2）。屏障海滩95号遗址中，年代较新的单冢墓地位于乌迪—埃林67号遗址以南5千米。67号与伯辛卡南支流的91号遗址之间，哈姆达拉耶河道的59号遗址与卡提奥尔（Katior）小岛的52号遗址之间也是5千米。59号和91号遗址相距仅3千米。贝坦提岛群比甘杜勒岛群小得多，却有高密度贝丘群。这表明不同群落所控制的开采区域有缩小的趋势。

墓地空间分布的几何学特征十分显著。墓地网络高度结构化，井然有序，似乎不是一个简单的偶然分布。问题的关键应该在于对产量最丰富的软体动物采集区的控制。

总的来说，考古发掘主要集中在4个地点，迪奥隆—布玛克、迪奥隆—本道、苏库塔和较晚挖掘的恩迪亚蒙—巴达特。萨卢姆河三角洲对软体动物的开发可以追溯到公元前一千纪中期，并在公元1400—1600年结束其早期形式。可以明确的是，贝丘的动态变化至少分为两个阶段。第一个阶段是不同程度密集开发各种软体动物的阶段，通常是红树林地带的蚶和牡蛎，但有时候也有宽口涡螺和骨螺等。这种开发导致了贝壳堆积。第二个阶段是贝丘成为墓地建造区域的阶段。墓冢建造是一个相对较晚的现象，始于8世纪，止于14—15世纪。

六　文化遗产保护

对水生资源和海洋资源的开发催生了萨卢姆河三角洲特有的文化。墓冢遗址是萨卢姆河三角洲文化识别与归属模式中真正的关键点，而这一模式是随着三角洲 2000 年的自主发展过程逐步建立起来的。在萨卢姆河三角洲个案中，自主并不意味着自给自足。事实上，蚶和牡蛎的密集开采形式起源于远途贸易，远途贸易将萨卢姆河三角洲的岛屿社区群体与邻近的沿海群落和内陆居民联系起来。在恩加耶纳地区的巨石遗址中，几乎一直存在着"迪奥隆—布玛克家族陶器"，这是一条重要的线索（Holl and Bocoum，2017）。晒干或熏制的软体动物肯定被用来交换武器和其他铁制品、铜和铜合金装饰品以及粮食。萨卢姆河三角洲的贝丘类型是独一无二的。它们是原始文化的见证者，而这些文化试图与这个精密而苛刻的生态系统和谐共处。根据目前的研究，这些萨卢姆河三角洲岛屿古代居民经济和社会成就的见证者的历史可以追溯到公元前一千纪中期。这些遗址主要是由被开采的软体动物的贝壳堆积而成，受到了现代开发活动的威胁。自殖民时期以来，蚶壳被重新用于各种用途。在城市中，它们被用来铺设庭院的地面。它们还被用作建筑材料，以及某些道路建设的地面铺装材料。在萨卢姆岛群各处，包括甘杜勒岛群、贝坦提岛群和诺姆巴托的所有地区，都发现了贝丘被开采使用的情况。因此，当务之急是制定一项保护萨卢姆河三角洲岛屿文化遗产的战略，将经济和社会发展的需要结合起来。已经有一定数量的地方举措是以此为目标的。例如，法利亚的青年在他们的伊玛目（Imam）的引导下，强烈地意识到有必要保护提乌帕纳—布玛克、提乌帕纳—本道和恩达法弗遗址。

1. 需要保护的文化遗产

为了保护贝丘不被开采作为建筑材料使用，有必要对一些具有重要文化价值的遗址进行评级归类。提乌帕纳—布玛克遗址几年前还作为圣地受到保护，现在却已开始被来自东面 100 多千米外考拉克的工队开采挖掘。其他贝丘，特别是迪奥隆—布玛克、阿佩奇、范丹加、卢德尔、恩迪乌塔等，都受到了威胁。

以下墓冢遗址值得被列为历史遗迹。

（1）提乌帕纳—布玛克和提乌帕纳—本道遗址，位于法利亚附近，共222个墓冢；

（2）法利亚附近的恩达法弗，20个墓冢；

（3）恩迪亚蒙—巴达特，迪奥尼瓦尔附近，149个墓冢；

（4）35号遗址，迪奥纳瓦尔附近，11个墓冢；

（5）方丹加（Fandanga）遗址，尼奥迪奥附近，17个墓冢；

（6）恩迪乌塔—布玛克，尼奥迪奥附近，26个墓冢；

（7）桑达尔，迪奥加纳附近，17个墓冢；

（8）迪奥加纳附近的姆巴尔—法涅克（Mbar-Fagnick），4个墓冢；

（9）9号遗址，位于巴卡鲁（Bakhalou）河道，6个墓冢；

（10）14号遗址，迪奥姆博斯右岸，77个墓冢；

（11）迪奥隆—布玛克遗址，班迪亚拉的右岸，125个墓冢；

（12）迪奥隆—本道，班迪亚拉的右岸，12个墓冢；

（13）45号遗址，班迪亚拉右岸，14个墓冢；

（14）90号遗址，博辛卡北河道，63个墓冢；

（15）班迪奥库塔遗址，30个墓冢；

（16）67号遗址，乌迪—埃林河道，72个墓冢；

（17）46号遗址，苏库塔，班迪亚拉河左岸，33个墓冢。

保护政策原则上应与文化资源的使用同步。使用包括两项基本内容。一是研究和知识的传播。因此，最好能设立考古和历史研究课题，以丰富和促进对考古数据的诠释。二是将物质遗产融入当地社会和经济生活，其中当地居民的参与是一个关键因素。

2. 对自然文化遗产的开发利用

发展生态旅游，以提高生物多样性和保护脆弱环境的意识，这将是萨卢姆河三角洲的最佳选择，该地区现已成为联合国教科文组织认定的世界遗产。机动皮划艇是最适合这个水上世界的交通工具。旅游线路须结合河道、主航道即海面来规划实施，比如参观鸟岛。

建议旅行线路如下：

第一，班迪亚拉河短途路线，从米西拉或图巴库塔出发前往贝坦提岛群北端贝丘，沿途可以欣赏班迪亚拉河两岸的红树林，随后参观苏库塔、迪奥隆—本道和迪奥隆—布玛克的遗址，参观时长约6个小时。

第二，从米西拉到伯辛卡贝丘的短途路线。首先参观贝坦提村，然后沿伯辛卡河道逆流而上，参观河口附近的贝丘、南部小支流的贝丘，最后参观北边和南边支流岸边的带墓冢的大贝丘。

第三，从米西拉出发的乌迪—埃林河道参观线路，在班迪亚拉河上航行，然后沿乌迪—埃林河道参观9个贝丘，其中包括1个带墓冢的贝丘（67号遗址）。

第四，从米西拉出发的班迪亚拉河航行路线，整合了第一条路线，但延续参观古克和普塔克岛，经迪翁博斯河返回，参观贝坦提村，最后返回米西拉，7月普塔克岛的野花盛开尤为壮观，对新堆积贝丘所在的迪亚方道尔古村落的参观很有意思，这基本上是一趟环贝坦提岛群的旅行。

第五，从米西拉到甘杜勒岛群的法利亚和迪奥纳尼瓦尔的路线，参观法利亚、提乌帕纳—布玛克、提乌帕纳—本道和恩达法弗等村庄，然后参观迪奥纳瓦尔和恩迪亚蒙—巴达特遗址，最后参观尼奥迪奥尔及其墓冢遗址，返回米西拉。

第六，大环线之旅是专为最无畏的游客建议的，从米西拉出发，沿班迪亚拉河逆流而上，参观迪奥隆—本道和迪奥隆—布玛克，参观古克岛，在桑加尔河道航行，然后到玛雅，从萨卢姆河向南到法利亚野营；参观提乌帕纳—布玛克、提乌帕纳—本道以及恩达法弗。参观迪奥尼瓦尔及其遗址和恩迪亚蒙—巴达特，参观尼奥科尔及其遗址，参观贝坦提村，次日返回米西拉。

第七，发现之旅：从米西拉出发前往迪翁博斯河口，沿迪奥加纳河而上，参观19号遗址；经河道航行至法利亚，参观村庄及其考古遗址；沿戈克霍尔河道航行至迪奥纳瓦尔，参观迪奥尼瓦尔村及其遗址，然后参观尼奥迪奥村及其遗址，返回米西拉。

萨卢姆河三角洲岛屿的物质文化遗产基本由贝丘遗址组成，其中一些贝丘覆盖着墓冢。这些墓冢结构为考古学家提供了萨卢姆群岛古代居民精致物质文化的相关数据。恩迪亚蒙—巴达特遗址的年代为公元前一千纪中期，是萨卢姆河三角洲迄今为止最古老的遗址群。在这个遗址发现的陶器属于帕尔玛林（Palmarin）家族，在甘杜勒岛群西部相当普遍。"迪奥隆—布玛克家族陶器"出现在公元800年前后，与古墓葬的发展同步。在甘杜勒岛群和贝坦提岛群以及诺姆巴托的众多贝丘墓冢中都发现了这种陶器。

对软体动物的开发是贯通西非西部的远途贸易网络的一部分。格尔瓦人（Guelwar）和曼丁戈人的迁徙、葡萄牙人的到来以及大陆内部和大西洋奴隶贸易的发展，为萨卢姆河三角洲岛屿的经济体系敲响了丧钟。然而对软体动物的开发并没有因此而结束，只是退居为一项补充性的活动。

第九章

巴萨里和贝迪克文化景观

巴萨里群落和贝迪克群落分布在塞内加尔东部地区，前者分布在跨越塞内加尔—几内亚边境的地区，后者则集中于班达法西（Bandafassi）悬崖一带（图9.1）。这些族群的历史很复杂，基本不为人所知。数世纪以来，他们深刻改变了自己所处的自然环境，打造出独特的文化景观。这些景观是这些族群历经坎坷的产物，所有的自然元素被融入了一个连贯而和谐的世界观之中。"祭祀场地比比皆是。神灵与地形、水、植被密切相连。"（M. Gessain，1965：67）河流、山谷、洞穴、池沼、山丘、动物、村庄，都是整体的一部分，而这个整体又不断随着不同场景下各种复杂仪式的实践而更新变迁。我们的勘查工作是关于巴萨里人居住的埃提奥洛（Ethiollo）和贝迪克人居住的埃提奥瓦尔（Ethiowar）两地文化景观起源的首次探索。

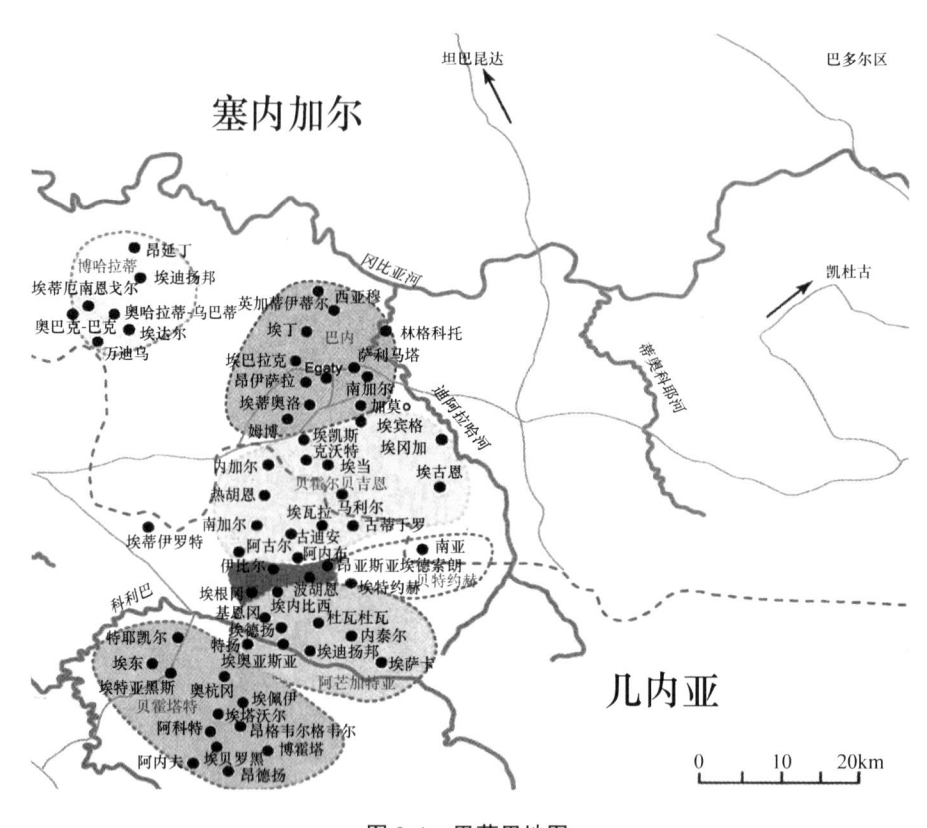

图 9.1　巴萨里地图

（图片来源：根据 M. Gessain 1965 年的绘图修绘）

一　巴萨里人

杰桑认为，17 世纪弗朗西斯科·德·勒莫（Francisco de Lemos）曾谈及巴萨里人及其至今仍然居住着的房屋（Gessain, 1963: 17）。他们被描述为一直在与邻近群落及接踵而来的入侵者不断作战的族群。兰肯博士认为，巴萨里曾经是一个人口稠密的地区，但随着时间推移，人口逐渐减少直至消失。他估计，当地人口曾经达到 6000—8000 人，但 1891—

1892年不超过2000人。"这是因为他们不断地与富塔—贾隆（Fouta Djalon）的相邻群落交战，他们的大部分村庄被摧毁，人口被掳走。"（Rancon，1894）

殖民官员的早期观察反映了不同观察者之间的有趣差异。贝兰（A. Belan）的观察是居高临下而消极的（1946年）。他关注了巴萨里人的衣着方式。这些人"一丝不挂"，戴着一个3—4厘米长、由桐纤维编织而成的阴茎套。"一种是非常简单的，用于日常；另一种是用红色流苏装饰的，在节庆日或聚会时使用。"（Belan，1946：13）至于妇女，"她们唯一的'衣服'是代表其嫁妆的铜手镯；有些人把它们戴在前臂上，有些人则挂满整个胳膊……一条沉重的铜腰带，类似紧身胸衣，加上两腿间的贝壳项链，这就是她们全部的服装"（Belan，1946：13）。关于巴萨里房屋（图9.2）的描述如下："这是一个没有任何技术含量的圆形石屋；墙高1.80米，屋顶为圆锥形，用稻草制成。墙上有个缺口，没有

图9.2 巴萨里民居

门。"贝兰还对巴萨里人的习俗进行了评论:"这些人(巴萨里人)睡在地上,没有垫子,甚至不用树叶铺成床。"(1946:13—4)最后,他认为巴萨里人很粗野,其品位和风俗都很粗劣。

贝阿尔(Beart, 1947a & b)在考察当地一年后发表了两篇笔记,他的体验完全不同。他介绍了巴萨里文化习俗的方方面面,认为这些习俗似乎曾经盛行于上冈比亚(Haute Gambie)的整个群落。他介绍了巴萨里社会年龄层次结构的基本要素,按年龄顺序分为:lak 或 oduk、odugok、opatuk、odmetak(对于女孩就是 paluk)和 diarak。六岁以上的儿童被从母亲身边带走,男孩和女孩混杂居住在集体房屋(ambovar)中,他们在那里学会自理(Beart, 1947a:26)。贝阿尔还介绍了巴萨里的宗教:"埃提奥洛的巴萨里宗教领袖是一位女祭司,她住在附近最高的山上的一个洞穴里。"(Beart, 1947b:2)他还描述了他与巴萨里人的谈话,巴萨里人"给他讲述了他们的生活";他参观了他们的圆形石屋,在那里看到了谷物仓库和"房屋深处一张覆盖着毛皮的干叶床,有时是一种竹的塔拉床"(Beart, 1947b:6)。贝阿尔最后表示希望巴萨里人能够保持他们的独特性,即"他们对自然的理解,对妇女的尊重,在狩猎和田间劳动中的勇气,对一切事物和所有人的友谊,以及他们的好性情"(Beart, 1947b:7)。

巴萨里社会是母系氏族制,按年龄划分层级,根据外婚情况进行区分,科尼亚吉人(Coniagui)和巴萨里人分别称这种外婚现象为 Anonko 和 Anongo。妻子和孩子属于同一个血统,但丈夫属于另一个血统。杰桑在科尼亚吉人和巴萨里人当中进行的婚姻社会人口学研究表明,他们"可以被视为两个内婚群体,外婚比例很低"(M. Gessain, 1963:130)。

巴萨里村庄具有较强的不稳定性。邻里矛盾以及寻找新的农业用地可能导致分裂和新村庄的创建。整个巴萨里是一个地形崎岖的地区,位

第九章 巴萨里和贝迪克文化景观

于富塔—贾隆北部的延伸部分（Albenque, 1965; Dupré, 1965; M. Gessain, 1963; R. Gessain, 1963; Girard, 1984）。其海拔一般高于 200 米。"该区域中，帕泰（Paté）海拔 350 米，奥朗巴尔（Olembar）海拔 330 米，姆巴姆（Mbam）海拔 247—267 米，海拔差可达 200 米，由此产生了非常陡峭的山坡。"（Dupré, 1965: 78）这个群体的房屋从北到南分布在一个长 97 千米、宽 15 千米的区域。最北的巴萨里村庄离最南的巴萨里村庄约 100 千米（Gessain, 1963: 194）。

目前巴萨里房屋的主要特点是散落分布。有些人认为这种散落分布形式是近代形成的，在 20 世纪上半叶逐步普及。然而，莱斯特朗吉（B. de Lestrange）收集的 19 世纪富拉尼人编年史表明，情况并非那么简单（1969: 29）。"在北部、南部和中部，我们烧毁了 17 个滕达人（Tenda）的小村庄（一个滕达人村庄只有几间房屋），把居民赶到迪马河（Dimma，冈比亚）的岸边。"当时，腾达人的小村庄已经是景观的一部分。这种房屋散布现象可能是在殖民征服之后就已经普遍存在了。

这些家庭呈"方块"形分布，每个方块由 5—6 个房屋组成，围绕着一个小广场（Yangana）建造，靠近田地。埃提奥洛 25 平方千米的面积中有 46 个方块（北纬 13°30′—13°40′，西经 12°50′—13°），这是社会科学家研究得最彻底的巴萨里村庄（Albenque, 1965; Dupré, 1965; M. Gessain, 1965）。一个方块就是一个大家庭，包括一个男人、他的妻子和孩子。这些方块又被组织为 4 个大块（andyana），即农民的互助小组，也称为"社区"（quartier）。1962 年的人口普查中，阿克沃尔—安迪—阿纳（Akwol Andy Ana）有 8 个社区，奥佩布（Opeb）有 8 个社区，艾博（Ebo）有 6 个社区，阿塔玛尔（Atamar）有 11 个社区。总的来说，"每个社区对应一个小的河流流域，其边界与流域边界几乎完全重合"（Albenque, 1965: 57）。未婚男孩和女孩的集体房屋是真正的"村庄社会活动中心",总是位于村长家附近。这些灵巧的农民种植福尼奥米(又称非洲小米)、黍类、地豌豆(又称班巴拉花生)、大米和花生。

巴萨里人和科尼亚吉人是土著居民,他们遭受了一波又一波入侵者和征服者的攻击。早期对科尼亚吉人、巴萨里人和贝迪克人的血清人类学研究解释了这些种群之间的遗传差异(R. Gessain et al., 1965)。

ABO血型检测方面,巴萨里人和贝迪克人有明显差别,科尼亚吉和贝迪克之间的差异不大,而科尼亚吉人和巴萨里人之间的差异"非常不确定"。MN血型检测则表明巴萨里人和贝迪克人明显不同,而巴萨里人和科尼亚吉人比较相似,科尼亚吉人和贝迪克人之间则显示了无法解释的差异。最后,标准Rh血型检测方面,这三个人群之间没有差异。这些数据呈现了这些被统称为腾达人的族群的分布,科尼亚吉人在西南端,贝迪克人在东北端,巴萨里人在中间。

今天人们所知的巴萨里人的历史是一部为个人和群体的生存而不断斗争的历史。沙莱(P. Charet)指出,巴萨里人在11世纪可能承受了富拉尼人第一次迁徙到富塔—贾隆带来的后果(1969年)。两个世纪后,当第一批曼丁戈人抵达该地区时,贝勒杜古(Beledougou)也有巴萨里人群落生活着。马林凯人(Malinkés)逐渐将巴萨里人驱赶到了富塔—贾隆的北部,即他们今天的居住地。16世纪,科利·腾格拉(Koli Tenguela)的入侵对巴萨里人口产生了严重影响。巴萨里人只拥有短暂的和平时期。因为他们直到20世纪初一直是入侵的目标(Charet, 1969; R. Gessain, 1963; Girard, 1984; B. de Lestrange, 1969; Maupoil, 1954; Mungo Park, 2000)。巴萨里人在红土山中建立了洞穴避难所,其中部分人遭到富拉尼人的武装猎杀。莫伯阿勒(Maupoil, 1954:379)对19世纪末巴萨里人的悲剧的描述令人痛心:

"像野兽一样被追赶",这是我从仍然健在的老人们口中采集到的表述。他们被驱散或掳走,沦为俘虏,被穆索·莫洛(Mousso Molo)、铁诺·易卜拉希马(Tierno Ibrahima)和阿尔法·亚亚(Alfa Yaya)卖到各地,遭到掠夺瓜分,因此,在这些酋长控制的所有地区都能找到巴萨里人。

今天人们看到的巴萨里文化景观是持续英勇抵抗的产物,是对文化创造力的赞美。色彩鲜明的仪式使生命焕发光彩。分散的房屋,为所有少年儿童设立的集体房屋,可能是这种漫长抵抗衍生的形式。

二 贝迪克人

用杰桑(Gessain,1953:53)的话说,贝迪克人是讲巴萨里语的凯塔人(Keyta),即曼丁戈人。费里(M.-P. Ferry,年份)后来论证了贝迪克语的存在。贝迪克人构成一个小群落,主要居住在班达法西悬崖(图9.3)。他们的起源可以追溯到马林凯人扩张的最初阶段。"据说,以萨纳·卡利·凯塔(Sane Kalli Keita)为代表的马林凯人与巴萨里人通婚,形成了现在的贝迪克族群,或称坦丹克(Tendanke)族群。这解释了贝迪克人为什么拥有与邻近的马林凯人所类似的社会头衔名称:Keita意为村长,Sadiakho意为宗教领袖;Samura和Kante意为铁匠。"(Charet,1969:105)贝迪克人曾经占据面积更大的土地,一直延伸到马里和几内亚。他们在班达法西悬崖上避难可能始于16世纪,是为了躲避富拉尼人的袭击和伊斯兰教传播带来的压力。

图9.3 埃提奥瓦尔（班达法西悬崖的一座贝迪克村庄）风光

贝迪克人有自己的语言。他们居住在6个村庄，其中伊沃勒（Iwol）是最大的村庄。该村庄分为两个部分，分别为巴纳帕（Banapas）和比沃勒（Biwol）（Ferry，1967，1971，1997；Gomila，1969，1971）。在1964年的人口普查中，贝迪克人口为1473人，其中巴纳帕388人，比沃勒1085人。现在人口接近2000人。贝迪克社会是父系社会，以已婚男性为核心安居，大家庭生活在一起。

三　小结

　　巴萨里人和贝迪克人必须在他们各自生活的地区创造条件，避免被抓捕为奴隶。贝迪克人在班达法西悬崖峭壁上定居，在玄砾岩碎石上建立村庄。巴萨里人在红土坡上挖掘了带有长廊和地下室的洞穴，并在其地域内以小家庭村落为单位分散居住。自然界的每个元素因而都获得了双重意义，一方面是经验和客观的意义，另一方面是象征和文化的意义。巴萨里人和贝迪克人所拥有的热烈仪式，表现了他们对生命胜利的歌颂，是对数世纪以来他们一次又一次抵抗的再现。在巴萨里生活的埃提奥洛和班达法西山地贝迪克人生活的埃提奥瓦尔的考察中，我们试图寻找的正是这种抵抗的表达。

第十章
巴萨里和贝迪克考古

在塞内加尔东南部以及今天巴萨里人和贝迪克人居住的地区，考古研究开展得非常少。1947年，汝瓦尔（Joire）发表了一篇关于在米吉（Mitji）山谷（今几内亚共和国境内）发现小石器遗迹的文章，他认为这是新石器时代的产物（Joire，1947）。该地位于巴萨里人居住区延伸到几内亚的区域，因此，他们可能有过一个史前定居点，应该可以追溯到石器时代。遗憾的是，这项开创性的工作未能持续推进。

应杰桑的邀请，雷蒙·莫尼在科杜古（Kedougou）地区进行了一次考古调查（Mauny，1963）。他在报告中宣布发现了几个新石器时代的遗址，"在冈比亚河岸被淹没的低处平地和山谷周围的红土高地边缘都有发现"（Mauny，1963：113）。该次考察发现的遗址分为史前遗址和原始时期遗址两类。

史前遗址主要包含各种石器。在科杜古—新居地（Kedougou - Nouvelle Résidence）遗址的地表发现了石制工具。在东南科杜古（Kedougou-Sud-Est），即科杜古镇东南3千米处，发现了石英盘、石英核和碎片。在科杜古—军营（Kedougou-Camp militaire）发现了一个两面石器。在东南法提卡（Fatika-Southeast）的地表发现了石英盘和碎片；在安格尼亚皮萨（Angueniapissa）和萨姆库塔（Samekouta）发现了不明用途的含锂石器。

原始时期遗址的遗迹主要分为三类。在上伊沃勒（Iwol-haut）和伊沃勒—阿波尔日（Iwol-Aperg）发现了响石，在上伊沃勒发现了石制座椅靠背，以及在距离科杜古西北约20千米的尤鲁—穆萨（Yourou-Moussa）发现了一个100×100米的堡垒遗址（Mauny，1963：119—121）。

在考古遗迹方面，莫尼克·德·莱斯特朗日于1947年发表了一篇关于一件巴萨里陶器的文章。该陶器1946年7月出土于几内亚尤库恩库恩（Youkounkoun）分区的伊提乌（Itiu），在田野中一棵枯死的吉贝树脚下被发现。陶器为一个女性肖像造型，12厘米高，中空，顶部有一个圆孔。它并没有深埋地下，上面仅覆盖着数厘米的沉积物。发掘现场还发现了科尼亚吉人和巴萨里人陶器的碎片。这可以解释为："科尼亚吉族妇女有把破罐子和其他杂物扔进枯树洞的习惯。"（Lestrange，1947：4）该陶器所使用的黏土并非来自当地。它出现在此地的原因仍然很神秘，甚至接受采访的巴萨里人和科尼阿吉人对此也一无所知。莱斯特朗日认为，应该从巴萨里人在伊提乌地区的较大影响力中寻找原因。"巴萨里人经常去探望他们的科尼亚吉亲戚。此外，在两个族群之间的战争中，许多巴萨里人成为俘虏被带回伊提乌，现在此地的居民都是以前的巴萨里人或他们的后代。"（de Lestrange，1947：4）

这三个例子表明，系统调查可以提供有关巴萨里和贝迪克地区人居历史的新数据。本章将介绍考察工作的初步成果。田野调查在界定明确的区域内进行：一是埃提奥洛盆地，二是班达法西悬崖的东端。

一 巴萨里地区的考古调查

1. **奥埃勒石窟** (Grotte d'Ohel)

坐标

南点：北纬 12°34′254″/西经 12°52′433″

北点：北纬 12°34′247″/西经 12°52′436″

出口：北纬 12°34′223″/西经 12°52′449″

海拔：138.9米

长度：20米

宽度：6—8米

最大高度：2.80米

奥埃勒石窟是一个带防御工事的避难岩洞。洞穴内空间用干红土块砌成的石墙隔开。东边的空间9米长，5—7.5米宽，可以通往隧道入口。墙壁围出一个长方形空间，有一条宽约1米的入口走廊（图10.1、图10.2）。

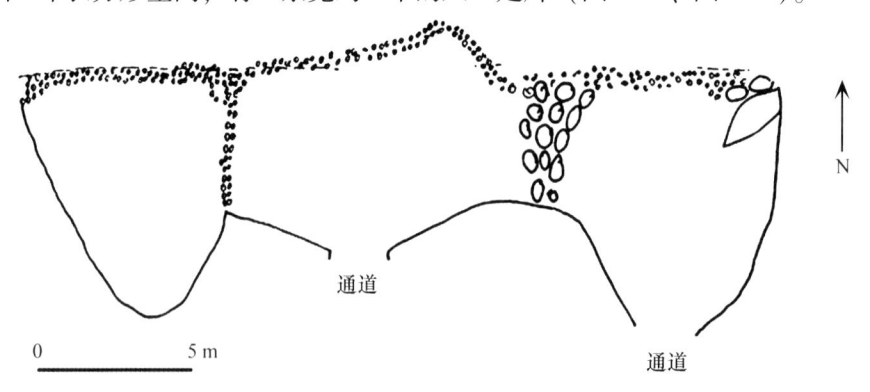

图 10.1 奥埃勒石窟示意图

图 10.2　奥埃勒石窟内部视角

中央空间也由墙壁围出，长 7 米，宽 5 米。它的东侧已经形成了一个白蚁丘。墙壁使用的石块要更大一些。西端由两个小的凹陷处，残留的墙壁损坏严重。

2. 托罗（Toro）1 号洞穴

坐标

东北点：北纬 12° 35′ 070″/西经 12° 49′ 813″

西南点：北纬 12° 35′ 078″/西经 12° 49′ 827″

入口 1：北纬 12° 35′ 075″/西经 12° 49′ 797″

入口 2：北纬 12° 35′ 077″/西经 12° 49′ 821″

出口：北纬 12° 35′ 058″/西经 12° 49′ 803″

海拔：109.5 米

长度：22 米

宽度：7—10 米

最大高度：2.50 米

托罗 1 号洞穴遗址是一个大型的岩洞堡垒，由红土块制成的干石墙围出三个空间。洞穴的方向为东北—西南，向西北方向开口（图 10.3 和图 10.4）。

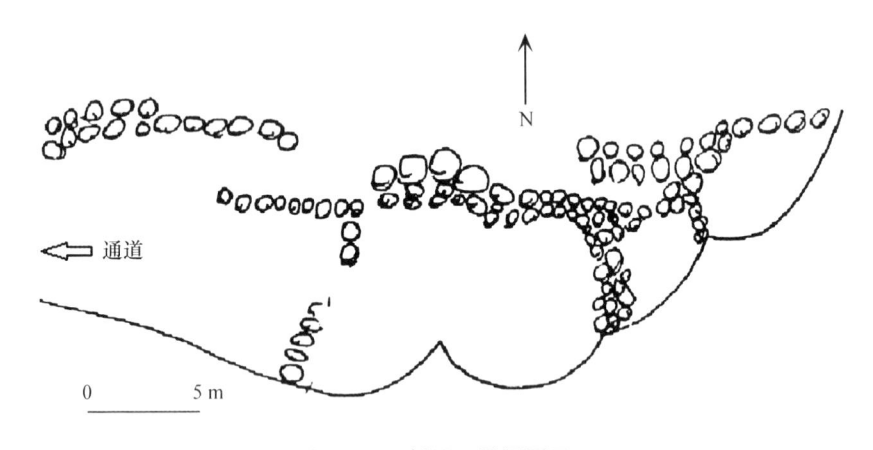

图 10.3　托罗 1 号洞图示

东北方向的空间南北长 7 米，洞轴深为 5 米。中央空间长 10 米，宽 5 米，连接通往一个出口在南侧的隧道。第三个也是最后一个空间，位于西南端，它也连接一条出口在南侧的隧道。第三个空间 7 米长，7 米深。

3. 托罗 2 号洞穴

坐标

东点：北纬 12°35′ 061″／西经 12°49′ 783″

中心点：北纬 12°35′ 058″／西经 12°49′ 790″

图 10.4　托罗 1 号洞洞口

西点：北纬 12°35′055″/西经 12°49′791″

海拔高度：110 米

长度：14.50 米

宽度：14 米

高度：2 米

托罗 2 号是一个颇有气势的天然洞穴，向南开口。它必然有一个较长的使用历史（图 10.5 至图 10.8）。从表面上就可以看到遗存物。在黄红色的粉状沉积物中有大量的陶器。在表面上还发现了一把磨光的小斧头。该遗址的发掘可以提供历史上埃提奥洛巴萨里人山地定居的令人惊讶的数据。

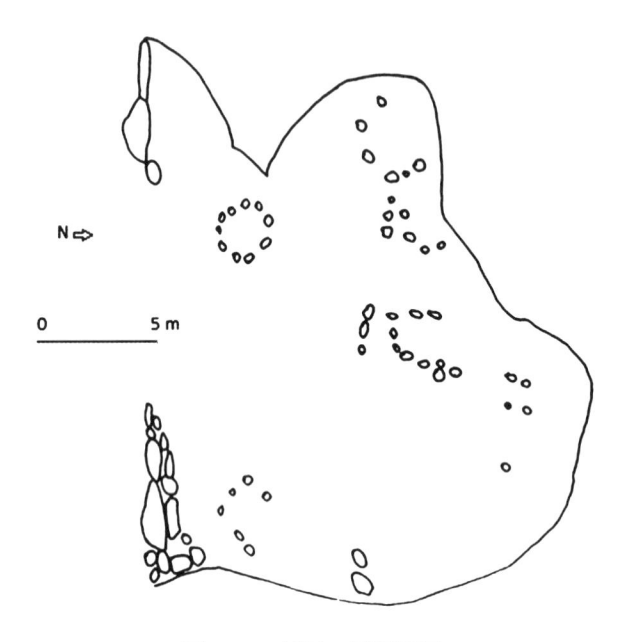

图 10.5　托罗 2 号洞图示

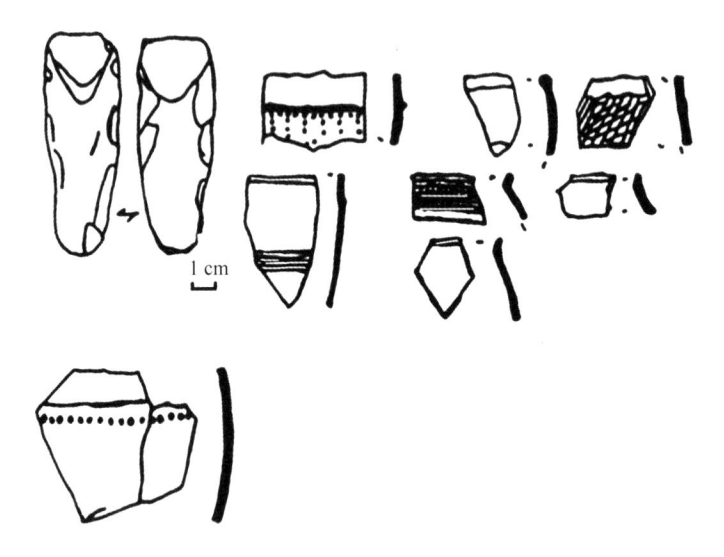

图 10.6　托罗 2 号洞穴的抛光斧头和烟斗及陶器碎片图示

图 10.7 托罗 2 号天然洞穴

图 10.8 托罗 2 号洞内部

让·吉拉德（Jean Girard）对托罗1号洞的历史作了有趣的说明。据称，该洞穴通过地下通道与另一个洞，即尼纳1号洞（Nene 1）相通。根据他转述的口述历史，这个洞穴可能在富拉尼人入侵时被用作避难所，入口处堆满石头以抵御攻击者（1984：917）。他还报告了另一个关于洞穴历史的版本，但这很难与之前的避难所版本兼容。根据后一个版本，"托罗"这个名字的意思是"疲劳"，因为捕捉豪猪的猎人要在洞口等待很久才能看到豪猪出来。据说，老猎人迪尼利比·本迪亚（Dinillibi Bendya）曾和一个叫塔巴林（Tabarin）的人在这里一起蹲守。他们各自守着山洞的一个入口窥伺观望。深夜时分，迪尼利比看到一个人向他走来。他以为自己面对的是另外一个蹲守者塔巴林，正准备打招呼时，那个人却突然从他的视线中消失了。片刻之后，迪尼利比感到自己的脖子被人掐住了。他吓得大叫起来，塔巴林跑去帮助他，看到他正捧着脖子哭泣，然后晕倒在地。当他恢复知觉时，塔巴林问他："你怎么了，迪尼利比？""我不知道，但有人抓住了我的脖子！是豪猪守护者要求猎人们离开。"于是他们走了，再也没有回来（Girard，1984：917—8）。因此，关于托罗1号洞的使用有两个版本，而托罗2号洞则没有。

4. 埃克斯村（Ekes）

坐标

西北点：北纬12°33′386″/西经12°52′043″

东北点：北纬12°33′414″/西经12°52′043″

东南点：北纬12°33′396″/西经12°52′016″

西南点：北纬12°33′363″/西经12°52′038″

中央房屋：北纬12°33′390″/西经12°52′037″

海拔高度：116.3米

长度：72 米

宽度：54 米

埃克斯老村是一个有围墙的长方形家庭居所，干砌石墙的墙角呈圆弧形。整个区域南北长 72 米，东西宽 54 米。在围墙的中间和东段发现了由红土块制成的圆形房屋的墙壁遗存（图 10.9）。围墙的初始高度未知，厚度为 2.8 米。

图 10.9 埃克斯村坍塌的围墙

埃克斯老村与科泰村（Koté）之间隔着一个旱谷。埃克斯人在向西更远的地方建立了一个新村庄，即现在的埃克斯村。科特村人则在东边更远处重新定居，放弃了一口运行状态仍然良好的井。

5. 科泰营地

坐标

西北点：北纬 12°33′ 399″／西经 12° 51′ 958″

东南点：北纬 12° 38′ 388″／西经 12° 51′ 383″

南北曲线点：北纬 12°33′ 465″／西经 12° 51′ 920″

水源边的围墙：北纬 12° 33′ 457″／西经 12°51′ 945″

两个圆形房屋：北纬 12° 33′ 468″／西经 12° 61′ 937″

海拔高度：125.1 米

该遗址包括一堵马蹄形围墙，俯瞰着水源点（图 10.10）。围墙南侧的两处民居遗址直径 4 米，围墙底座厚 1.70 米。

图 10.10　旧科泰村陡坡脚下的水源

根据吉拉尔收集的口述史，科泰是一个贝里岩人（Beliyan）的村庄，最初作为避难所，后来成为"集中营"（Girard，1984：910）。石墙围绕凹陷地而建，划出直径超过 100 米的区域。此地"可能是富拉尼人建造来关押他们在乌巴吉（Oubadji）、恩伊萨拉（Enyisara）、埃克斯、马里勒（Malîle）、科沃耶（Kewoye）和安迪玛（Andima）等地俘获的巴萨里人"。可能是战争后释放的囚犯建立起了新的埃克斯村。

6. 埃盆格—巴萨里村（Epengue-Bassari）

坐标

东西点：北纬 12°34′070″／西经 12°50′834″

南北点：北纬 12°34′058″／西经 12°50′772″

长度：350 米

宽度：10—30 米

房屋数量：76 座

埃盆格—巴萨里村位于一座小山丘的北侧。村庄区域有 76 座圆形房屋，排列为向北敞开的圆弧状（图 10.11）。居住区域东西向，宽度在 10—30 米之间，长 350 米，很容易辨别出可能对应家庭单位的房屋单元结构。

图 10.11　埃盆格—巴萨里村部分废墟景观

所有房屋都是圆形的，直径2.60—5米，用红土坯建造（图10.11）。

（1）单元1于村庄西端，有5座房屋，北边是1号、2号、3号房屋，南边是4号和5号房屋；

（2）单元2有5座房屋，6号、8号、9号、11号和12号，全部排列在南侧。7号和10号这两座房屋位于北侧，但似乎是公共集体设施，我们的向导解释说，10号遗址长着一棵巨大的猴面包树，它不是房屋，而是学习达姆达姆鼓的地方（图10.12）；

图10.12　10号遗址达姆达姆鼓教学场地的面包树

（3）单元3包括13号、14号、15号和16号房屋；

（4）单元4包括17号、18号和19号房屋；

（5）单元5包括20号、21号、22号房屋；

（6）单元6的北部是23号、24号和25号房屋，南部是26号、27号和28号房屋；

（7）单元7包括29号、30号、31号、32号、33号、34号、35号、36号房屋；

（8）单元8包括38号、39号、40号、41号房屋，其中3座由一堵石墙连接，用于分流来自山坡的水流；

（9）单元9包括42、43号、44号、45号、46号、47号、48号和49号房屋；

（10）单元10包括50号、52号、54号、56号和58号房屋；

（11）单元11包括51号、53号、55号、57号和59号房屋；

（12）单元12包括60号、61号、62号、63号、64号和65号房屋；

（13）单元13包括66号、68号、70号和72号房屋；

（14）单元14包括67号、69号、71号和73号房屋。

还有4座相对独立的房屋，独踞一隅。第37号房屋接近村庄的中心。第76号房屋位于37号以西约50米处。位于村庄东端的74号和75号房屋距离76号约70米。这些建筑可能与10号类似，是具有集体公用性质的建筑物。如果这是埃盆格—巴萨里成为定居点时期的做法，那它们可能是少年儿童集体居住的地方。

7. 古姆村（Goumou）

坐标：

北纬12°34′481″/西经12°50′357″

北纬 12° 34′ 466″/ 西经 12° 50′ 383″

北纬 12°34′ 422″/ 西经 12° 50′ 382″

北纬 12° 34′ 463″/ 西经 12°50′ 338″

北纬 12° 34′ 493″/ 西经 12°50′ 345″

长度：210 米

宽度：150 米

房屋数量：166 座

古姆村是一个很大的村庄，有 166 座房屋，分布在 3.1 公顷的区域内，东西长 210 米，南北长 150 米。房屋分布呈东西向、向西开口的 Y 字形，它位于俯瞰北部埃提奥洛盆地的平原区域（图 10.13）。

图 10.13 古姆村的部分废墟

房屋被划分为比简单家庭单元大得多的群组。事实上，房屋单位似乎以一些大房屋为中心。

（1）东部群组

围绕 14 号大房屋，有 33 个房屋。它们排列为不同大小的单元，每个单元包含 2—6 个房屋。

单元 1 包括 1 号和 2 号房屋；

单元 2 包括 3 号、4 号、5 号、6 号、7 号和 8 号房屋；

单元 3 包括 9 号、10 号和 12 号房屋

单元 4 包括 11 号、13 号、15 号、16 号和 17 号房屋；

单元 5 包括 18 号、25 号和 26 号房屋；

单元 6 包括 19 号、20 号、21 号、22 号、23 号和 24 号房屋；

单元 7 包括 69 号、70 号和 71 号房屋；

单元 8 包括 72 号、73 号、74 号、75 号和 76 号房屋。

（2）中东部组

围绕 32 号大宅而建，共有 31 个房屋，再被细分为含 2—10 个房屋的单元。

大房屋西侧的单元 1 包括房屋 27 号、28 号、29 号、30 号和 31 号；

单元 2 包括 33 号和 34 号房屋；

单元 3 包括 35 号和 36 号房屋；

单元 4 包括 37 号和 38 号房屋；

单元 5 包括 39 号、40 号、41 号、42 号和 43 号房屋；

单元 6 包括 77 号、78 号和 79 号房屋；

单元 7 包括 80 号和 81 号房屋；

单元 8 包括 82 号、83 号、84 号、85 号、86 号、87 号、88 号、89 号、90 号和 91 号房屋。

(3) 西部组

在68号大宅的北侧，共有26个房屋，以2—7个为单位。67号相对偏僻，位于68号以西约20米处。

单元1包括44号和45号房屋；

单元2包括46号、47号和48号房屋；

单元3包括49号和50号房屋；

单元4包括51号和52号房屋；

单元5包括53号和54号房屋；

单元6包括55号、56号、57号、58号、59号、60号和61号房屋；

单元7包括62号、63号、64号、65号和66号房屋；

单元8包括67号、68号房屋。

(4) 中央组

位于117号大宅的东侧。它包含20个房屋，3—10个房屋构成一个单元。

单元1包括92号、93号、94号和95号房屋；

单元2包括96号、97号和98号房屋；

单元3包括99号、100号、101号、102号、103号、104号、105号、106号、107号和108号房屋；

单元4包括109号、110号和111号房屋。

117号大宅位于西面约十五米处。房屋单元3北侧的101号房屋具有独有的特征。它靠近一系列露天炉灶，每个炉灶都用三块红土块建造（图10.14）。101号房屋的内部有三个呈三角形排列的倒扣的大陶器。这是一个重要的文化场所，用我们向导的话来说，是"神圣之地"（图10.15）。这个装置今天仍然用于秘密仪式。

(5) 中南组

位于116号大宅的西侧。它有15个房屋，各自包含3—6个房屋。

图 10.14 露天炉灶区

图 10.15 从房屋到圣坛

单元 1 包括 113 号、114 号、115 号、118 号和 119 号房屋；

单元 2 包括 120 号、124 号和 125 号房屋；

单元 3 包括 121 号、122 号、123 号、126 号、127 号和 128 号房屋；

112 号房屋在该组的东北部，相对孤立。

东南组以 141 号大宅为中心，共有 17 个房屋，每个单元含有 4—8 个房屋。

单元 1 包括 129 号、130 号、131 号、132 号和 167 号房屋；

单元 2 包括 133 号、134 号、135 号、136 号、137 号、138 号、139 号、140 号房屋；

单元 3 包括 144 号、145 号、146 号、147 号房屋。

(6) 西南组

位于 142 号大宅的西侧。它有 19 个房屋，4—6 个房屋构成一个单元，143 号大宅位于 142 号大宅以南数米处。

单元 1 包括 148 号、149 号、150 号、151 号、152 号和 153 号房屋；

单元 2 包括 154 号、155 号、156 号、157 号和 158 号房屋；

单元 3 包括 159 号、160 号、161 号和 162 号房屋；

单元 4 包括 163 号、164 号、165 号和 166 号房屋。

古姆村出土民居的空间组织结构与埃盆格—巴萨里村完全相同。房屋集中在大房屋周围。每个明显的单元都可能对应一个多代人的大家庭。这座大房屋可能就是他们的"儿童之家"。在今天巴萨里人分散型居住阶段之前，"儿童之家"可能是标准配备。

8. 提乌杰尼村（Thioudjeni）

坐标

北纬 12° 35′ 020″/ 西经 12° 50′ 596″

东北点：北纬 12°35′510″/西经 12°50′585″

西点：北纬 12°35′056″/西经 12°50′584″

北纬 12°35′022″/西经 12°50′617″

北纬 12°35′008″/西经 12°50′598″

海拔高度：195.5—200 米

房屋数量：60 座

提乌杰尼村是一个中等规模的村庄，坐落在俯瞰埃提奥洛盆地的陡坡上。它包括大约 60 座房屋，分布在斜坡上，平台状的山顶上则没有建筑。由于时间不够，现场没有进行挖掘，但进行了参观和拍照（图 10.16）。

图 10.16 提乌杰尼村和埃提奥洛盆地废墟景色

9. 塔迪里姆小村（Tadirim）

坐标：北纬 12°35′382″/西经 12°50′671″

海拔：156.9 米

塔迪里姆是一个小村庄，有 5 处民居遗迹，其中一处是泥砖房（图 10.17）。这些房屋间隔 5—10 米，分布在直径约 25 米的区域内（图 10.18）。其中一处位于东北部的房屋里有一座石头结构的炉灶状物，功能不详。

图 10.17 塔迪里姆村景色

10. 埃提奥洛老村

坐标

北纬 12° 35′ 383″/西经 12° 51′ 954″

东北点：北纬 12° 35′ 330″/西经 12° 51′ 932″

西南点：北纬 12°35′ 336″/西经 12° 51′ 962″

西北点：北纬 12°35′ 384″/西经 12°51′ 979″

东南点：北纬 12° 35′ 400″/西经 12°51′ 902″

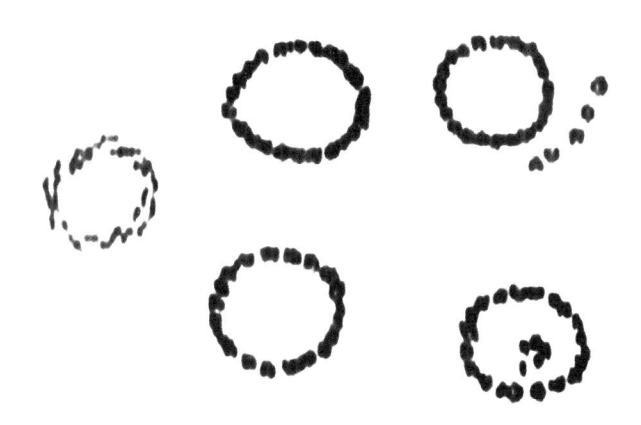

图 10.18 塔迪里姆村示意图

海拔高度：303.7 米

埃提奥洛老村坐落于帕泰山的北坡、西坡和南坡。它与阿尼吉利卡克斯洞穴（A-Nikilikax）相关联，该洞穴在埃提奥洛巴萨里人的历史中发挥了重要作用，在口述史中被认为是所有巴萨里人的避难点。这个村庄是一个巨大的综合体，在山坡上绵延数千米。结构性勘查是在位于村庄北端一个东西 90 米、南北 50 米的小区域内进行的（图 10.19 和图 10.20）。

勘查区域有 20 个房屋，按 4—8 个房屋一组分成若干单元。陡坡区域北侧以石墙为标志，石墙的作用是防侵蚀。

单元 1 有 8 个房屋，分别是 3 号、4 号、5 号、6 号、7 号、8 号、9 号和 10 号。它们通常面积较小，位于一个大宅（2 号）以西约 20 米处；

单元 2 包括 11 号、12 号、13 号、14 号、15 号和 16 号房屋；

单元 3 包括 17 号、18 号、19 号和 20 号房屋；

1 号房屋相对孤立，但可能是单元 1 的一部分。

图 10.19 埃提奥洛老村北端的废墟

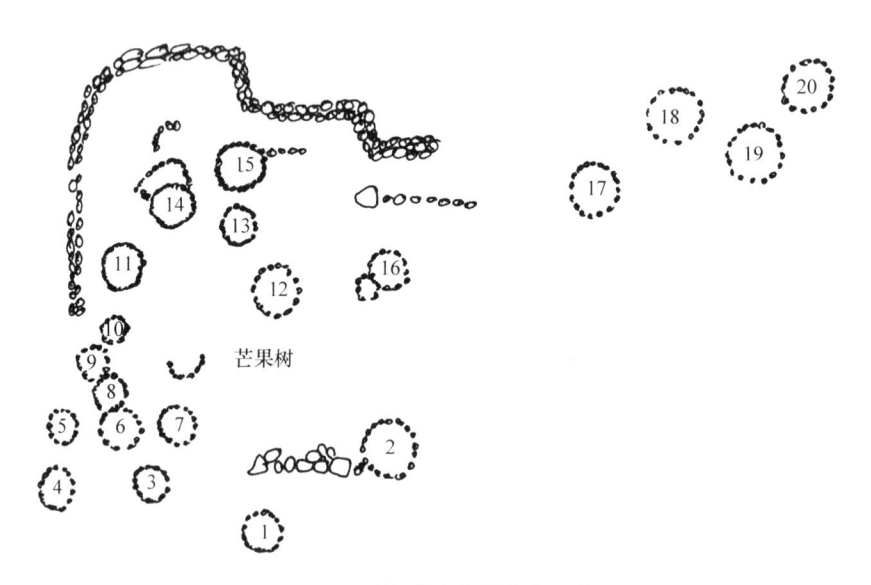

图 10.20 埃提奥洛老村北角示意图

11. 老埃提奥洛的铁匠村

坐标：北纬 12° 35′ 399″／西经 12° 51′ 824″

海拔：329.1 米

铁匠村位于山丘西坡顶部。它由一组共 8 个圆形房屋组成，其中的 8 号宅可以被认为是大宅（图 10.21）。

图 10.21 老埃提奥洛铁匠村图示

19 世纪阿尔法·亚亚（Alpha Yaya）率领富拉尼人入侵期间，阿尼吉利卡克斯洞穴曾作为避难所。吉拉尔报告的口述历史描述了巴萨里人制定的被围困时坚守并在食物耗尽时能够生存的策略（Girard，1984：915）。年轻的战士们肩负着为被围困者提供食物的使命。为此，"白天，他们披着桐叶伪装出动，穿着浅色的狮子皮，或者身挂白色的贝壳，以接近富拉尼人的白色服装。如此一来，他们作为白天战队，与早晨（或夜间）的男性战队互相补充。晚间战队的战士身裹豹皮，从事夜间补给和作战。这种分工在贝里安——巴纳（Beliyan Bane）避难洞穴十分普遍，现在那里仍然保留着科雷启蒙仪式（l'initiation Korê）的做法"（Girard，1984：915）。

巴萨里地区具有极佳的考古潜力。在地图上标出所有自然和人工洞穴非常重要，这可以更好地了解它们与废弃村庄遗迹之间的关系。理论上，每个主要村庄似乎都备有洞穴，在遇到危险时可以前往避难。巴萨里文化似乎是在抵抗入侵和奴隶贩卖的过程中形成的。考古调查揭示了大村庄根据地形选址的有趣规律。此外，巴萨里人过去的社会和政治组织方式极有可能与现在有很大不同。

二 在贝迪克人的埃提奥瓦尔村的考古调查

调查工作集中在埃提奥瓦尔村附近的班达法西悬崖的最东端。村长的兄弟是我们的向导，他带我们参观了遗址，同时讲述了其年代排序。

班达法西悬崖是贝迪克人祖先的避难所（图10.22）。这段历史与16世纪富拉尼人入侵有关。此地所有的遗址中都发现了陶器碎片，数量众多。

图10.22 从班达法西悬崖顶部俯瞰

1. 卡马拉人（Camara）祖先的村庄

坐标：北纬 12°32′382″/西经 12°19′447″

卡马拉人祖先的村庄是班达法西悬崖上的第一个定居点，遗存主要由多处红土块堆和大量陶片组成。

2. 埃提奥瓦尔的第一个村庄

坐标：北纬 12°31′808″/西经 12°19′326″

北纬 12°31′928″/西经 12°19′326″

埃提奥瓦尔第一个村庄的遗存包括一大片红土块和大量陶片。

3. 埃提奥瓦尔的第二个村庄

坐标：北纬 12°32′258″/西经 12°19′338″

埃提奥瓦尔的第二个村庄包括多组红土块遗存，其中包括一个谷仓支架结构，以及大量的陶片。

4. 埃提奥瓦尔的第三个村庄

坐标：北纬 12°31′784″/西经 12°19′330″

北纬 12°31′752″/西经 12°19′354″

埃提奥瓦尔第三个村庄的位置今天是一个公共广场，有无数红土块和陶器碎片。

5. 今天的埃提奥瓦尔村

坐标：北纬 12°31′727″/西经 12°19′203″

海拔：321.6米

今天的埃提奥瓦尔村位于白云岩崖顶的俯瞰之下,有 5 个家庭。房屋单元由数量不一的锥形屋顶的圆形房屋组成,还有矗立在红土块上的谷仓,但没有围栏。

6. 天然岩洞

坐标：北纬 12°31′727″/西经 12°19′139″

海拔：337.9 米

这个位于白云岩崖顶中心的天然洞穴是由这种变质岩的节理作用形成的。向下进入洞穴很困难,因为通道狭窄（图 10.23）。洞内未发现任何物质文化的遗痕。

图 10.23　从白云岩崖顶眺望平原

先完成对整个贝迪克悬崖的勘探，再得出关于其考古潜力的可靠结论，这才是有意义的。在埃提奥瓦尔地区的勘查结束时，所有记录在案的遗址年代都属于科里·腾格拉（Koli Tenguela）入侵之后的 4 个世纪。

第十一章 抵抗之地

一　贝迪克人和巴萨里人

贝迪克人的祖先撤离平原，定居在骑兵完全无法驻足的高崖的平坦表面上。他们从岩石岬角可以观察到大规模的人群移动，从而预测并抵御威胁。贝迪克人的文化同一性通过不同年龄阶段的启蒙教育来维系，启蒙教育把"贝迪克山"的所有居民按年龄分组凝聚在了一起。

在殖民时期及20世纪初，巴萨里丰富的文化习俗已经吸引了学者们的关注。从某种程度看，当代巴萨里人的文化是其祖先对伊斯兰化和奴隶贩子的劫掠进行激烈抵抗的最具体直观的结果。这种抵抗文化已经通过启蒙习俗和成年仪式代代相传，不论男女。"面具出行"的仪式是为了颂扬年轻战士的勇气，他们不顾围剿者的威胁，冒着生命危险从秘密避难所出来，为躲避在石窟内地秘密下空间的人们提供食物（图11.1）。

图 11.1　面具出行——年度男性仪典

（图片来源：https://www.fantastic-africa.com）

考察数据显示，在某一目前尚未确定的时期，大村庄被遗弃。勘查采样区域位于山坡高处，朝向北。与家庭单位对应的房屋组分散布局，是应对贩奴者大规模突袭的好策略。它以某种方式削减了人们的普遍不安全感。在没有考古挖掘的情况下，巴萨里和贝迪克地区成为定居点的历史完全不为人知。只有民族史提供了一些线索（Girard，1984）。

二　喀麦隆北部廷格林（Tinguelin）高原的避难地和抵抗活动

贝努埃（Bénoué）河谷北翼的廷格林高地是被入侵的富尔贝人赶出贝

努埃平原的各群落的避难所。这些群落一批又一批地进山避难，躲避伊斯兰化和富尔贝奴隶贩子的袭击。他们组织成数百名至上千名居民的小社区，在利于防御的位置建造起村庄和堡垒并安顿下来。在抵抗贩奴者袭击和统治的过程中，他们逐渐形成了一种文化身份，成为法利人（Fali）。古初米（Goutchoumi）的法利人是民族学家高提埃（J. G. Gauthier）数次研究考察的对象。1969 年，高提埃出版了一本以法利人为主题的著作。古初米是其中一个堡垒村庄，由于缺乏维护，建筑墙体正逐渐倒塌。富尔贝人的威胁不复存在后，这些法利人又拼死抵抗德国殖民者的滥杀。高提埃部分依靠考古研究和民族学的参与观察法，揭示了这种抵抗文化起源的各个方面（1969 年）。

三　喀麦隆北部曼达拉（Mandara）高地的避难所和抵抗活动

类似的情况还发生在喀麦隆北部的曼达拉山脉。该地区的语言多样性在非洲是无与伦比的。曾经在迪亚马雷（Diamare）平原广泛分布的讲乍得语的群体被富尔贝战士驱赶，一批批前往山中避难。富尔贝入侵者用"基尔迪"（Kirdi，意为"不信者"）这一贬义词称呼这些反对伊斯兰化的族群。这个称呼在殖民时期被广泛传播和使用。这些人化整为零，分散在曼达拉高地崎岖的地形中，以躲避已征服四周平原的富尔贝骑兵。其中一些群体发生了政治演变，最终出现了有边界的小国。让娜-弗朗索瓦兹·文森（Vincent，1991）对此进行了细致研究。

四　西苏丹"努巴山"（Nuba）的避难所和抵抗活动

科尔多凡—达尔富尔的努巴高地（山）位于苏丹共和国中东部。该地区最初是一个避难地，后又成为贩奴者抢劫和袭击的目标，近期还遭遇了悲惨的杀戮（Niemeyer and Richardson, 2006）。努巴山海拔 500—1500 米，其间有长 150 千米、宽 65 千米的土地。这是一个岩石景观，地形崎岖，山谷很深，却是一个郁郁葱葱的肥沃之地。土地肥沃，农业发达，牧场肥美。从 7 世纪中叶征服埃及开始，阿拉伯人多次袭击各努比亚人王国。这些王国灭亡后，努比亚人沿尼罗河谷向北迁徙，或向西迁移到科尔多凡。他们定居在后被称为"努巴山"的高原上，但和平是短暂的。从努比亚王国瓦解到今天，埃及阿拉伯人、马赫德派和巴加拉阿拉伯人四处出击，在努巴山区抓捕奴隶。居住在山上的 50 个努巴族群各自都说着不同的语言。这些自治和分散的小群体无法抵抗周围阿拉伯族群的压力。经过数个世纪的贩奴袭击，时至今日整个努巴山都受到觊觎，成为造成达尔富尔危机的一个重要因素。

五　展望和小结

对埃提奥洛和埃提奥瓦尔地区的文化景观进行的考古勘探证明了当地族群对奴役的抵抗。强大的侵略者纷纷到来，却只会强化他们的生存意志。他们采取了各种形式进行抵抗——改变村庄的结构、挖掘避难洞穴，以及在压力难以承受时迁往他处。

埃提奥洛和埃提奥瓦尔地区拥有极大的考古潜力。

第一，托罗2号遗址的天然洞穴可能提供有关巴萨里地区人居历史的新数据；

第二，可以就埃提奥洛山丘上的大型废弃村庄开展修缮项目，定期清理，保留灌木；

第三，设立课题，系统收集有关洞穴和废弃村庄的口述历史；

第四，在对埃提奥洛和埃提奥瓦尔地区废弃村庄进行勘查时，应同时开展对目前发现的所有洞穴的 GPS 定位计划；

第五，将每个村庄遗址和与之相关的洞穴整合在一起，形成参观线路，有助于更好地了解过去巴萨里定居点的演变；

第六，考古勘查作业应扩展到整个班达法西悬崖。

结　　论

　　人类空间是一个永久建设工程。这一工程影响着植被、动物群、土壤和人类，在不同情况下具有不同的速度和规模。本书介绍的三个案例研究涉及不同活动所使用的材料，它们持续的时间长度也各不相同。人类行为的累积效应的印记将长期存在。

　　无处不在的棕红色巨石是塞内冈比亚巨石圈的原材料。根据目前的研究，巨石圈在过去的3000年中（公元前1400—1500年）逐步覆盖了大约30000平方千米的广阔土地。采石场、民居、墓地、炼铁作坊、田地以及各种资源（植物、动物、鱼类、盐）开发利用的区域在某种程度上构成了巨石建造者群落行为空间（behavioral space）的基本关键要素。这种近乎分形几何的结构体现在单个墓地与其紧邻环境空间层面，在小宝伯隆河流域如此，在冈比亚河和萨卢姆河干流流域的较大规模空间内也是如此。对小宝伯隆河流域子集的研究展现了一些有趣的选项。根据目前已有研究，3个样本墓地内的考古结构分布显示了该地区仪式场地的墓葬程序的实施。一级遗址西内—恩加耶纳只有巨石圈和墓冢，中央位置有一个双层石圈，双圈两侧是精致的仪式空间。二级遗址恩加耶纳2号呈现最大多样性的考古结构，包括巨石圈、土冢、低墙冢、碎石圈和临时墓葬结构。最后，靠近小宝伯隆河源头的三级遗址桑蒂乌—恩加耶纳包含巨石圈和作为临时墓葬结构的大碎石圈。在目前的研究状态下，演示论证非常困难。然而，二次埋葬的第一阶段很可能是在某些特定墓地进行的，桑蒂乌—恩加耶纳就是代表性个案。

萨卢姆河三角洲面积达 3200 平方千米，空间更为紧凑，约为巨石圈区域面积的 1/10。红树林和三角洲岛群的密集河道为某些软体动物的繁殖提供了理想的生态条件，主要是西非老蚶和红树林牡蛎。最早的贝壳采集遗迹可以追溯到公元前一千纪中叶。这种开采活动持续了很长的时间，不同时期规模有所差异，已经深深标记了萨卢姆岛群的空间。某些贝丘变成墓地的过程则非常明确地反映了人口和经济实力基本相当的群落的领土战略。在此过程中，被标记的区域行使着划定边界结构的功能。

巴萨里人和贝迪克人地区的勘查所涉及的土地面积要有限得多。勘查实际上是在两个地方进行，一是埃提奥洛盆地，二是班达法西附近的贝迪克山。在该个案中，目前考古研究尚无法准确界定时间阶段，但口述史和其他历史资料证明其对应时期是公元二千纪，约从公元 1200 年至今。本次工作具有基础探索性，目的是评估巴萨里和贝迪克数世纪的抵抗行为对景观的影响，以及这些地区的考古潜力。抵抗活动的物质文化遗迹在该地区随处可见。这些民族正是通过其非物质文化遗产，不断地彰显其英勇抵抗精神。

文化景观考古学是整体考古学和比较考古学发展过程中的具体内容之一。在持续的辩证运动中，人类群体改变了他们所生活的空间，反过来又被这些空间所改变。从这个角度来看，考古挖掘只是探索的开始。

参考文献

Albenque, A., "Cartes du Terroir d'Etyolo, Village Bassari", *Cahiers de Centre deRecherche Anthropologique 3*; *Bulletin et Mémoire de la Société Anthropologique de Paris*, Vol. 8, No. 11, 1965.

Albenque, A., "Les Marches hebdomadaires de la Région de Kedougou (Sénégal Oriental)", *Bulletin de l'IFAN*, Vol. 32, No. 1 (serie B), 1970.

Anschuetz, K. F., R. H. Wilshusen & C. L. Scheick, "An Archaeology of Landscapes: Perspectives and Directions", *Journal of Archaeological Research*, Vol. 9, 2001.

Aubert, A., "Légendes Historiques et traditions orales recueillies en Haute Gambie", *Bulletin du Comité d'Etudes Historiques et Scientifiques de l'AOF*, Vol. 7, 1923.

Azzoug, M. M. Carre, B. McKee Chase, & L. Tito de Morais, "Positive Precipitation-Evaporation Budget from AD 460-1090 in the Saloum Delta (Senegal) Indicatedby Mollusks Oxygen Isotopes", *Global and Planetary Change*, Vol. 98-99, 2012.

Ba, M., C. Descamps et G. Thilmans, "Fouilles d'un tumulus a Ndiamon-Badat (Îles du Saloum, Sénégal)", In *Fouilles et Degradations dans les Îles du Saloum*, Saint-Louis, Lille, Liege, Vol. 3, Janvier 1997.

Beart, C., "Sur les Bassari du Cercle de Haute Gambie (Sénégal)", *Notes Africaines*, Vol. 34, 1947.

Belan, A., "Le Pays Bassari (Cercle de Kedougou, Sénégal)", *Notes Africaines*, Vol. 31, 1946.

Bessac, H., "Contribution a l'etude des buttes à coquillages du Saloum (Sénégal)", *Notes Africaines*, Vol. 57, 1953.

Burnouf, J., "La nature des médiévistes", *Etudes Rurales*, Vol. 167, No. 8, 2003.

Charest, P., "L'Agriculture chez les Bassari et chez les Malinké: Quelques points de comparaison", *Objets et Mondes*, Vol. 7, No. 4, 1972.

Chataignier, A., "Les populations du cercle de Kedougou", *Cahiers de Centre de Recherche Anthropologique 1*; *Bulletin et Memoire de la Société Anthropologique de Paris*, Vol. 5, No. 6, 1963.

Chisholm, M, *Rural Settlement and Land Use: An Essay in Location*, London: Hutchinson, 1979.

Chorin, D. & A. F. C. Holl, "Les Processus de Neolithisation: Socialiser la Nature et Naturaliser la Société", *European journal of Sociology*, Vol. 54, No. 2, 2013.

Chorley, R. J. and Haggett, P., eds, *Models in Geography*, London: Methuen, 1967.

Chouquer, G., "Nature, environnement et paysage au carrefour des théories", *Etudes Rurales*, Vol. 157, No. 8, 2001.

Cros, J. P., L. Laporte, & A. Gallay, "Pratiques funéraires dans le Mégalithisme Sénégambien: Décryptages et Revisions", *Afrique Archéologie et Arts*, Vol. 9, 2012.

Darvill, T., "Pathways to a Panoramic Past: A Brief History of Landscape Archaeology in Europe", In B. David and J. Thomas, eds., *Handbook of Landscape Archaeology*, Wlanut Creek: Left Coast Press, 2008.

David, B. & J. Thomas, "Landscape Archaeology: Introduction", In B. david & J. Thomas, eds., *Handbook of Landscape Archaeology*, Wlanut Creek: Left Coast Press, 2008.

Decamps, C., "La collecte des arches (*Anadara senilis* L.) dans le Bas Saloum (Sénégal): Une Approche ethno-archéologique des amas coquilliers", *Travaux du Laboratoire d'anthropologie et prehistoire de la Mediterranee Occidentale* (LAPMO), 1989.

Descamps, C., "La Collecte des arches, une activité bi-millénaire dans le Bas Saloum (Sénégal)", In *Dynamique et usages de la mangrove dans les pays des rivieres du sud (du Sénégal a la Sierra Leone)*, Sous la direction de M.-C. Cormier Salem, Paris: Editions ORSTOM, 1994.

Descamps, C. et G. Thilmans, "Les tumulus coquilliers des îles du Saloum (Sénégal)", *Bulletin ASEQUA*, Vol. 54-55, 1979.

Descamps, C., G. Thilmans, J. et Y. Thommeret, et E. F. Hauptmann, "Données sur l'âge et la vitesse d'édification de l'amas coquillier de Faboura (Sénégal)", *Bulletin de l'ASEQUA*, Vol. 51, 1977.

Duchemin, Capitaine, "Tumulus de Gambie", *Bulletin et Mémoires de la Société d'Anthropologie de Paris* T. 7, 1906, 1 et 2.

Dupré, G., "Technologie et Sociologie de l'Agriculture: Aspects techniques et sociaux de l'Agriculture en pays Bassari", *Cahiers de Centre de Recherche Anthropologique*, *Bulletin et Memoire de la Société Anthropologique de Paris*, Vol. 8, No. 6, 1965.

Elouard, P., J. Evin, V. Martin, et C. Becker, "Kjokkenmodding de Bangalere: Région du Saloum, Sénégal", *Bulletin de l'ASEQUA*, Vol. 41, 1974.

Ferry, M.-P., "Pour une Histoire des Bedik", *Cahiers de Centre de Recherche Anthropologique*, *Bulletin et Memoire de la Société Anthropologique de Paris*, Vol. 2, No. 7, 1967.

Ferry, M.-P., "Les affixes nominaux et leur rôle dans la phrase Bassari", *The Journal of West African languages*, 1971.

Ferry, M.-P., *Bedik: Images de leur savoir-faire*, Paris: Editions Sepia, 1997.

Gallay, A., "Le mégalithisme Sénégambien: Une Approche Logiciste", In C. Descamps et A. Camara, eds., *Sénégalia: Etudes sur le Patrimoine Ouest Africain*, Paris: Editions Sepia, 2006.

Gallay, A., "Sériation chronologique de la céramique mégalithique sénégambienne (Sénégal, Gambie), 700-cal BC–1700 cal AD", *Journal of African Archaeology*, Vol. 8, No. 1, 2010.

Gallay, A., G. Pignat, and P. Curdy, "Mission du Département d'Anthropologie au Sénégal, Hiver 1980–81", *Contribution à la Connaissance du Mégalithisme Sénégambien: Rapport Préliminaire*, Dakar/Genéve: IFAN/Université de Genève, 1981.

Gallay, A., G. Pignat, and P. Curdy, "Mbolop Tobe (Santhiou Kohel, Sénégal): Contribution à la Connaissance du Mégalithisme Sénégambien",

Archives Suisses d'Anthropologie Générale, Vol. 46, No. 2, 1982.

Gauthier, J. G., *Les Fali de Goutchoumi, Montagnards du Nord Cameroun*, Oosterhout: Pays Bas, 1969.

Gessain, M., "Etude socio-demographique du marriage chez les Coniagui et les Bassari", *Cahiers de Centre de Recherche Anthropologique 2*; *Bulletin et Mémoire de la Société Anthropologique de Paris*, Vol. 5, No. 6, 1963.

Gessain, M., *Les Migrations des Coniagui et Bassari*, Paris: Memoire de la Société des Africanistes, 1967.

Gessain, M., "Les Classes d'Age chez les Bassari d'Etyolo (Sénégal Oriental)", In D. Paulme, ed., *Classes et associations d'age en Afrique de l'Ouest*, Paris: Plon, 1971.

Gessain, R., "Introduction a l'etude du Sénégal Oriental (Cercle de Kedougou)", *Cahiers de Centre de Recherche Anthropologique 1*; *Bulletin et Memoire de la Société Anthropologique de Paris*, Vol. 5, No. 6, 1963.

Gessain, R., "Sénégal Oriental 1967, A propos des guis", *Objets et Mondes*, Vol 8, No. 2, 1968.

Gessain, R., J. Ruffie, Y. et O. Kane, R. Cabannes, et J. Gomila, "Note sur la seroanthropologie de 3 populations de Guinée et du Sénégal: Coniagui, Bassari, et Bedik (Groupes ABO, MN, Rh, Kell, Gm et hemoglobines)", Cahiers de Centre de Recherche Anthropologique, *Bulletin et Memoire de la Société Anthropologique de Paris*, Vol. 8, No. 6, 1965.

Girard, J., *Les Bassari du Sénégal, Fils du Caméléon: Dynamique d'une culture troglodytique*, Paris: L'Harmattan, 1984.

Gomila, J., "Note sur la Polygamie et la fécondité respective des Hommes et des Femmes chez les Bedik (Sénégal Oriental)", *Bulletin et Memoire de la*

Société d'Anthropologie de Paris, Vol. 5, No. 7, 1969.

Gomila, J., *Les Bedik (Sénégal Oriental), barrières culturelles et hétérogeneite biologique*, Montréal: Presses de l'Universite de Montreal, 1971.

Gomila, J. et M. P. Ferry, "Notes sur l'ethnographie des Bedik (Sénégal Oriental)", *Journal de la Société des Africanistes*, Vol. 36, 1966.

Haggett, P., *L'Analyse spatiale en géographie humaine*, Paris: Armand Colin, 1973.

Harmansah, O., "Introduction : Toward an Archaeology of Place", In O. Harmansah, ed., *Of Rocks and Water: Towards an Archaeology of Place*, Oxford: Oxbow books, 2014.

Hildebrand, L., Four Pillar sites in West Turkana, Kenya, Abstract in *Preserving African Cultural Heritage*. 13th Congress of the Panafrican Association for Prehistory and Related Studies/ 20th Meeting of the Society of Africanist Archaeologists, November 1–7, Dakar, 2010.

Holl, A. F. C., "Late Neolithic Cultural Landscape in southeastern Mauritania: An essay in spatiometrics", In A. Holl & T. E. Levy, eds., *Spatial Boundaries and Social dynamics: CaseStudies from Food-producing Societies*, Ann Arbor: International Monographs in Prehistory, 1993.

Holl, A. F. C., "West African Early Metallurgies: New Evidence and Old Orthodoxy", *Journal of World Prehistory*, Vol. 22, No. 4, 2009.

Holl, A. F. C., "Grass, Water, Salt, Copper, and Others: Pastoralists' Territorial Strategies in Central Sudan", *Archaeological Papers of the American Anthropological Association*, Vol. 22, No. 1, 2013.

Holl, A. F. C. and H. Bocoum, "Variabilité des Pratiques funéraires dans leMégalithisme Sénégambien : Le Cas de Sine-Ngayene", In C. Descamps et

A. Camara, eds., *Sénégalia*: *Etudes sur le Patrimoine Ouest Africain*, Paris: Editions Sepia, 2006.

Holl, A. F. C. & H. Bocoum, *Les Traditions Mégalithiques de Sénégambie*, Paris: Editions Errance, 2014.

Holl, A. F. C. & H. Bocoum, *Megaliths, Cultural Landscape, and the Production of Ancestors*, Saarbrucken: Editions Universitaires Europeennes, 2017.

Holl, A. F. C., H. Bocoum, S. Dueppen, and D. Gallager, "Switching Mortuary codes and Ritual Programs: The Double-Monolith-Circle from Sine-Ngayene, Sénégal", *Journal of African Archaeology*, Vol. 5, 2007.

Joire, J., "Sur un gisement de microlithes néolithiques de la vallée de la Mitji (Guinée Francaise)", *Actas de conferencia internacional dos africanistas occidentais em Bissau*, Vol. 4, 1a parte, 1947, Lisboa.

Jouenne P., "Les monuments mégalithiques du Sénégal. Les roches gravées et leur interprétation culturelle", *Bulletin du Comité d'études Historiques et Scientifiques de l'Afrique de l'Ouest*, 1930.

Joussaume, R., *Le Mégalithisme en Ethiopie*: *Monuments funéraires protohistoriques du Harar*, Paris: Museum National d'Histoire Naturelle, 1974.

Joussaume, R., *Des Dolmens pour les Morts*: *Le Mégalithisme à travers le Monde*, Paris: Hachette, 1985.

Joussaume, R., ed., *Tiya-L'Ethiopie des mégalithes*, Mémoire XI; Chauvigny: Association des Publications Chauvinoises, 1995.

Joussaume, R., *Les Charpentiers de la Pierre*: *Monuments mégalithiques dans le monde*, Paris: La Maison des Roches, 2003.

Joussaume, R., ed., *Tuto Fela et les stèles du Sud de l'Éthiopie*, Paris:

Éditions Recherches sur les Civilisations, 2007.

Kantoussan, A., *Recherche sur les amas coquilliers de Joal-Fadiouth*, Mémoire de Maitrise, Departement d'Histoire, Universite Cheikh Anta Diop, Dakar, 2006.

Kantoussan, A., *Recherches sur les armatures de pêche dans les amas coquilliers du delta du fleuve Sénégal*, Memoire de DEA, Universite Cheikh Anta Diop, Dakar, 2007.

Kerharo, J. et J. C. Adam, "Notes sur quelque plantes médecinales des Bassari et des Tendanke", *Bulletin de l'IFAN*, serie A, Vol. 26, No. 2, 1964.

Kroch, A. et M., "Egnissara: Demographic sketch of a Bassari village", *Objets et Mondes*, Vol. 12, No. 4, 1972.

Laporte, L., H. Bocoum, R. Bernard, F. Bertin, V. Dartois, A. Delvoye, M. Diop, A. Kane, L. Quesnel, "Le Site Mégalithique de Wanar (Sénégal): Note préliminaire sur un nouveau programme de cooperation entre la France et le Sénégal (2008 – 2011)", *Afrique: Archéologie et Arts*, Vol. 5, 2007 – 2009.

Laporte, L., Mégalithismes Sénégambiens-Dualités exacerbées sur le Site de Wanar, Paper présented at the 13th Congress of the Panafrican Archaeological Association for Prehistory and related studies/20th Society of Africanist Archaeologists, Dakar, November 1–7, 2010.

Lavigne, C., "De nouveaux objets d'histoire agraire pour en finir avec la bocage et l'openfield", *Etudes Rurales*, Vol. 167, No. 8, 2003.

Leprun, J. C., C. Marius, et E. Perraud, "Caractérisation de la pédogénèse durant le dernier millénaire sur les amas coquilliers des îles du Saloum (Sénégal)", *Bulletin de l'ASEQUA*, Vol. 49, 1976.

Lloyd, P. E., and P. Dicken, *Location in Space: A Theoretical Approach to Economic Geography*, New York: Harper and Row, 1977.

Luginbuhl, Y., "Pour un paysage du paysage", *Economie Rurale*, Vol. 297, No. 8, 2007.

Martin, V. et C. Becker, "Documents pour servir à l'Histoire du Saalum", *Bulletin de l'IFAN*, Vol. 41 (ser. B), No. 4, 1979.

Martin, V. et C. Becker, *Inventaire des sites protohistoriques de la Senegambie*, Kaolack, 1984.

Mauny, R., "Buttes artificielles de coquillages de Joal-Fadioute", *Notes Africaines*, Vol. 75, 1957.

Mauny, R., *Tableau Géographique de l'Afrique de l'Ouest au Moyen-Age*, Dakar: Memoires de l'IFAN, 1961.

Mauny, R., "Contribution à la préhistoire et à la protohistoire de la région de Kedougou (Sénégal Oriental)", *Cahiers de Centre de Recherche Anthropologique 1-10; Bulletin et Memoire de la Société Anthropologique de Paris*, Vol. 5, No, 6, 1963.

Maupoil, B., "Notes concernant l'histoire des Coniagui-Bassari et en particular l'occupation de leur pays par les français", *Bulletin de l'IFAN*, série B, Vol. 16, No. 3-4, 1954.

Mbow, M. A., *Les Amas Coquilliers du delta du Sénégal: Etude Ethnoarchéologique*, Thèse de Doctorat; Université de Paris Ⅰ: Pantheon-Sorbonne, 1997.

Migeod, F. W. H., "Stone Circles in the Gambia", *Man*, Vol. 73, 1924.

Mohen, J. P., *Les Mégalithes Pierres de Mémoire*, Paris: Gallimard, 1998.

Molien, G., *Voyage à l'interieur de l'Afrique aux sources du Sénégal et de la*

Gambie, fait en 1818, par ordre du Gouvernement français, Paris: Arthus Bertrand, 1822.

Mungo-Park, M., *The Journal of a Mission to the Interior of Africa in the Year 1805*, London: John Murray, 1815.

Mungo-Park, M., *Travels in the Interior Districts of Africa*, Edited with an introduction by Kate Ferguson Marsters, Durham/London: Duke University Press, 2000.

Neveux, Dr., "Sur les Bassari", *Bulletin et Mémoire de la Société d'Anthropologie de Paris*, Vol 10, No. 5, 1909.

Niemeyer, L. et B. Richardson, *The Holocausts of Rwanda and Sudan*, Albuquerque: University of New Mexico Press, 2006.

Ozanne, P., "The Anglo-Gambian Stone-circles Expedition", *Research Review*, Vol.1, 1965.

Palmer H. R., "Stone Circles in the Gambia Valley", *Journal of the Royal Anthropological Institute*, Vol. 69, 1939.

Parker H., "Stone Circles in the Gambia", *Journal of the Royal Anthropological, Institute*, Vol. 53, 1923.

Patterson, T., "The History of Landscape Archaeology in the Americas", In B. David & J. Thomas, eds., *Handbook of Landscape Archaeology*, Walnut Creek: Left Coast Press, 2008.

Phillipson, D. W., *Archaeology in Africa and in Museums*, Cambridge: Cambridge University Press, 2003.

Rancon, Dr. A., *Dans la Haute Gambie. Voyage d'exploration scientifique 1891–1892. Annales de l'Institut Colonial de Marseille*, Société d'Editions Scientiques, 1894.

Reader Digest, *The World's Last Mysteries*, New York: The reader's Digest Association, 1979.

Renfrew, C. A., *Social Archaeology*, Edinburgh: Edinburgh University Press, 1984.

Renfrew, C. A., *Archaeology and Language: The Puzzle of Indo-European Origins*, Cambridge: Cambridge University Press, 1987.

Roure, G., ed., *La Haute Gambie et le Parc National du Niokolo-Koba*, Dakar: Editions G. I. A, 1956.

Smith, P., "Les échelons d'âge dans l'organisation et rituelle des Bedik (Sénégal Oriental)", In D. Paulme, ed., *Classes et Associations d'age en Afrique de l'Ouest*, Paris: Plon, 1971.

Strang, V., "Uncommon Ground: Landscape as Social Geography", In B. David & J. Thomas, eds., *Handbook of Landscape Archaeology*, Walnut Creek: Left Coast Press, 2008.

Thilmans, G., Sauvegarde de certains amas coquilliers du Saloum, 1998.

Thilmans, G. et C. Descamps, "Le Site mégalithique de Tiekene-Boussoura (Sénégal), Fouilles de 1973–1974", *Bulletin de l'IFAN*, B, Vol. 36, No. 3, 1974.

Thilmans, G. et C. Descamps, "Le Site mégalithique de Tiekene-Boussoura (Sénégal). Fouilles de 1974–1975", *Bulletin de l'IFAN*, B, Vol. 37, No. 2, 1975.

Thilmans, G. et C. Descamps, "Amas et tumulus coquillier du delta du Saloum", In *Recherches Scientifiques dans les Parcs Nationaux*, Dakar: Memoires de l'IFAN, 1982.

Thilmans, G., C. Descamps, et B. Khayat, *Protohistoire du Sénégal I: Les*

Sites Mégalithiques, Dakar: IFAN, 1980.

Thomas, N. W. , "Stone Circles in Gambia", *Man*, Vol. 17, 1924.

Van Neer, W. , "Etude des ossements animaux de l'amas coquillier de Ndiamon-Badat (Delta du Saloum), In Fouilles et Dégradations dans les Îles du Saloum", *Saint-Louis*, *Lille*, *Liege*, Vol. 3, Janvier 1997.

Vincent, J. -F. , *Prince Montagnards du nord-Cameroun*: *Les Mofu-Diamare et le pouvoir politique*, Paris: L'Harmattan, 1991.

Vita-Finzi, C. and E. S. Higgs, "Site-Catchment Analysis", *Proceedings of the Prehistoric Society*, Vol. 36, 1970.

Wendorf, F. and J. M. Malville, "The Megalithic Alignment", In *Holocene Settlement of the Egyptian Sahara* I: *The Archaeology of Nabta Playa*, Edited by F. Wendorf, R. Schild, and Associates, New York: Kluwer Academic/Plenum Publishers, 2001.

Zangato, E. , Sociétés Préhistoriques et Mégalithes dans le Nord-Ouest de la République Centrafricaine, *Oxford*: *BAR International Series* 768, 1999.

Zangato, E. , Les Occupations Néolithques dans le Nord-Ouest de la République Centrafricaine, *Montagnac*: *Editions Monique Mergoil*, 2000.

译 后 记

高畅老师是译者非常尊敬的一位法国非裔学者。20世纪70年代，他在喀麦隆完成大学学业后，前往巴黎继续深造，获得博士学位。随后，他数十年扎根田野，躬耕于非洲考古与历史研究，丰硕的研究成果奠定了他在全球非洲史领域中的地位。高畅老师退休后来到中国，怀着对非洲的热爱和对中国的友谊，致力于推动中国非洲研究的发展。他笑称："我是一个流浪学者。"译者第一次见到高畅老师是在北京大学组织的一次学术活动上。当他了解到中国非洲语言教学的发展，感到十分喜悦，此后对译者所在的北京外国语大学非洲学院的教研工作给予了很多支持。

2022年6月，译者有幸受邀承担高畅老师的《塞内冈比亚巨石圈文化景观考古学研究》一书的翻译工作。这项工作也延续了译者与塞内加尔之间的缘分。2014年，译者曾经有机会赴塞内加尔达喀尔大学考察调研。2020年，北京外国语大学启动《"一带一路"国家文化教育大系丛书》项目，译者与一位年轻同事合作承担塞内加尔分册的编写工作，得以进一步加深对塞内加尔历史文化的了解。

高畅老师的《塞内冈比亚巨石圈文化景观考古学研究》让译者得以跨越时空，近距离地看到景观如何成为一种社会建构的过程，感受到社会精神、自然地理、生物物质之间长达 3000 多年的漫漫互动。古老的巨石圈、贝丘和洞穴用自己的语言告诉人们，人类的文化习俗和日常生活随着自然条件与群体互动而衍生、延续、扩张，精神与物质随之融为一体，共同构建出独特的文化景观。在绪论中，作者引用了如下定义："景观考古学研究的是人们如何审视世界，如何跨越空间相互接触，如何选择塑造他们周围的环境，或者其行为如何受到地方风土潜移默化的影响。它涉及人类有意识和无意识的行为，以及身体和精神的能动性。景观关系到人们如何安排他们的日常生活。"作者指出："一旦有人类介入，景观立即具有了文化意蕴。在时间的长河中，自远古至今，人类的定居一直遵循某些准则，包括获得基本资源即水和食物的准则。随着人类社会的扩张和多元化发展，各种准则不断增多，空间也随之具有了概念与象征层面上的更多价值。"这些对景观考古学研究范畴的描述，可被视为读者理解和感受非洲历史演变的一种路径，这种路径既有别于通过通史、人类学或社会学视角的阅读路径，却又能够与之呼应并互为佐证。作者通过翔实的现场勘测数据和图表，以极强的专业性对不同景观进行了细致的解构。当塞内加尔的历史文化风貌跃然纸上，作者想表达的"从局部到整体"的观察视角也得到了清晰的呈现。

此次翻译过程是亲身体验通过文化景观考古学路径理解非洲、欣赏非洲的过程。作为一名法语专业教师，译者承担着多门涉及法语非洲社会文化的课程，因个人经历和学术积累有限，在讲述非洲时常感心有余而力不足，由此而深切认识到，在当今的时代背景和中外合作背景下，中国公众尤其是中国青年迫切需要了解真实的非洲。中非合作论坛成立以来，中国学者译介的外国非洲研究作品数量众多，尤为可喜的是，由非洲学者、非裔学者所讲述的非洲历史和非洲故事也正在得到越来越广泛的传播，这对于实现中非之间平等对话和交流有着深刻意义。译者能

译后记

为此尽绵薄之力，深感荣幸，借此机会也感谢出版社编辑老师在成稿过程中付出的辛勤劳动。

由于个人能力所限，译作中疏漏难免，敬请读者谅解和指正。

李洪峰

2023 年 2 月 22 日